无能领导

〔日〕午堂登纪雄 著 张文慧 译

台海出版社

北京市版权局著作合同登记号：图字01-2020-7305

Watashi ga dame joshi datta riyu
Copyright Tokio Godo 2018

Originally published in Japan by Nippon Jitsugyo Publishing Co., Ltd.
Simplified Chinese edition published by Rentian Ulus（Beijing）Cultural Media co. Ltd.

Through Beijing Tongzhou Culture Co., Ltd.（E-mail：tzcopypright@163.com）

图书在版编目（CIP）数据

无能领导 /（日）午堂登纪雄著；张文慧译. — 北
京：台海出版社，2021.4
ISBN 978-7-5168-2923-3

Ⅰ.①无… Ⅱ.①午…②张… Ⅲ.①企业管理－通
俗读物 Ⅳ.①F270-49

中国版本图书馆CIP数据核字（2021）第052644号

无能领导

著　　者：〔日〕午堂登纪雄		译　　者：张文慧	

出 版 人：蔡　旭　　　　　　　　封面设计：扁　舟
责任编辑：曹任云　　　　　　　　策划编辑：田鑫鑫

出版发行：台海出版社
地　　址：北京市东城区景山东街20号　　邮政编码：100009
电　　话：010-64041652（发行、邮购）
传　　真：010-84045799（总编室）
网　　址：www.taimeng.org.cn/thcbs/default.htm
E－m a i l：thcbs@126.com

经　　销：全国各地新华书店
印　　刷：北京金特印刷有限责任公司
本书如有破损、缺页、装订错误，请与本社联系调换

开　　本：787毫米×1092毫米　　1/32
字　　数：120千字　　　　　　　印　　张：6.75
版　　次：2021年4月第1版　　　印　　次：2021年4月第1次印刷
书　　号：ISBN 978-7-5168-2923-3

定　　价：39.00元

前 言

我是一位"不合格的领导"

我现在是一名个体经营者，运营有房地产和声乐培训学校，同时，也是一名作家。

我的公司没有直聘的职员，都是通过外包或联盟的形式来工作，所以也没有实体办公地点。

但是多亏了互联网和与网络相关的服务业的发展，现在，我只需一台电脑，就能年收入达几千万日元。想干什么就干什么，生活得自由自在。

然而这样的我，在几年前，曾是一家公司老板。在东京的南青山开有公司，鼎盛时期，公司员工人数达30多人。

公司有三个业务部，核心业务是房地产中介，另外还有化妆品销售、美容院以及声乐培训学校的业务。

尤其是房地产中介的业务，公司成立的头一年，营业额就很高，发展势头非常好，公司内部也充满了活力。

那么，为什么现在我会一个人做公司呢？

那是在雷曼事件①之后，公司的营业额剧减。由于当时我那稚嫩、拙劣的管理方式，让公司所有员工都离我而去，最终公司解体。

现在，由我一个人继续精心运营公司的房地产业务。而声乐培训学校之所以留了下来，是因为我和当时负责该学校事务的一名女性员工，在之后结婚了。

总之，从公司创立到解体，仅不到五年的时间里，演绎了一部从巅峰到谷底的剧目。

而这一切都归咎于我这个当领导的人。尽管，曾经我为了创建我理想中的公司而四处奔走。那不过是为了实现自我满足，并没有考虑到公司的员工，没有带着感情去与每位员工接触。

所以员工没能得到成长，我遭到了他们的排斥和讨厌。最后形成了一个恶性循环——员工接连辞职。

现在冷静下来后，我明白了，我曾是位"不合格的领导"。过去的我没有具备做领导应有的资质。

---

① 雷曼事件：2008 年 9 月，当时的美国第四大投资银行雷曼兄弟破产，从而引发全球性金融危机。

我想现在应该有很多领导，正在苦恼于如何处理好上下属关系，有的甚至会为此而感到不满。

为了不让大家遇到跟我同样的失败，同时也想总结经验、吸取教训。于是我写下了这本书。书中回顾了我当时的一些行为，也记下了我目前为止，在各个企业中考察到的"当领导时不能踩的雷区"。

当然，上下属关系各有不同，而领导中，不同的性格与个性，也会导致有不同的风格、方法论以及手段、手法。所以是不存在像"万金油"一样绝对正确的答案。

但是，我认为"不能踩的雷区"在某种程度上是共通的。

我不是什么很厉害的经营者，也并不是什么在世界上受人瞩目的杰出领袖。所以可能也有人会觉得我说的没有什么说服力。

尽管如此，了解我过去的错误，或许是一次机会，让自己回顾、反省当领导时的一些言行。写本书的时候，我试图尽可能地保持冷静和客观的态度来进行自我审视。

虽然序章中有写到我过去错误的经历，但是如果有想早点进入主题的读者，也可以跳过序章，直接看正文内容即可。

如果这本书能帮到苦于处理上下属关系的各位领导们，我会感到由衷欣慰。

2018 年 5 月
午堂登纪雄

目录

第4章　干劲

第5章 培养

第6章　辞职

不合格的领导

◆ 2003 年，我从外资企业独立出来，开始了房地产广告事业

2003 年，当时还是 32 岁的我，一边在外资企业当上班族，一边做房地产投资。当收入达到了在不奢靡浪费的情况下，能保证最低限度的生活之后，我从公司辞职开始独立创业。

最开始，是从运营房产投资检索网站的房地产广告业务做起。

因为那时我投资房产，一位负责为我推销的房地产公司员工，从原来的公司独立出来，并问我要不要一起干，所以才选择从这行做起。

但是，公司的资金都是他出的，所以我基本上没有什么决策权，就像雇用来的经营者。

接着过了一年，我感到"这样下去没有自由"。而这时，一位有"大阪实业家"之称的人物联系了我。

"你想不想做点有意思的生意。一块儿干吧。要不咱们见个面聊聊？"

虽然觉得很可疑，但我还是去跟他会面了。他主要是做房地产交易的，生意做得很大。现在是一名老板，

专门找一些年轻的潜力股，出资给这些年轻人。也就是在积极地做"天使投资"。

那时我正在摸索接下来的发展道路，所以于我来说，并不算是一件坏事。于是我也打算出资建一家公司。

那位股东也召集了其他一些年轻人，在他的介绍下，我招了三名20多岁的员工，租了间办公室后开始一起工作。

开新公司的事项有了些眉目后，我和原本一同做房地产广告的那位朋友道了别（顺带一提，听说他后来卷走客户的资金逃跑了，现在行踪不明）。

当时我觉得"比起做废旧建新的业务，在有效利用既有房产进行整建和改造（改变建筑物的用途）这块，未来的行情会更好"，所以我就打算做翻修、改造写字楼和公寓的业务。

但是我和员工在这一行完全是个"门外汉"，就没太期待马上会有营业额，又因为刚招了人、租了办公室，那时候需要干一些能马上来钱的工作。

于是，我开始了这么个计划。就是以我自己的房地产投资经验，以及在做房地产广告业务时所学到的知识为基础，先通过房地产中介的业务来确保前期的收入，然后将业务核心慢慢转移到房屋整建上来。

话虽这么说，但因为是新公司，又没有客户，所以我那时候打算与税务师事务所和理财规划事务所合作。这些事务所应该拥有大客户资源。然后想请他们介绍客户资源给我们公司，形成这么一个商业模式。

但是这对税务顾问和理财规划师来说，当然也是有风险的。他们多半会觉得"把自己的客户介绍给这样的新公司，这有点拆自己的招牌"。这么想来，也不能指望他们能介绍客户给我了。

◆ 自家公司开的研讨会如预想般成功

于是，我改变了计划，决定在自家公司举办研讨会，尝试直接招揽客户。用在做房地产广告业务时就一直使用的邮件杂志，以"普通上班族也能通过投资房地产实现躺着赚钱"为噱头来召集客户。而那次研讨会，举办得十分成功。

因为上班族每月都有一定的固定收入（工资），所以有利于贷款进行房地产投资，而在市场上，这一群体也是压倒性地占多数，所以我当时就瞄准了他们作为我的客户目标。结果是我猜对了。

那时我带着那三名公司员工去看房源，并教他们考察的要点有哪些。又带他们一起拜访了银行和房地产从业人员。请他们提供融资和售地的相关信息等，为开拓客户而四处奔走。

和客户面谈的时候，也会带上下属。教他们要以什么顺序或是怎样提问，才能推进业务进展，可谓是在工作现场手把手地教导我的员工。

◆ 为了扩展事业，我请了"二把手"

在一段时间里，举办研讨会吸引客户的进展相当顺利。金融机构也表现出积极的融资意愿。公司也陆续能接好几个房产上亿的中介单子。

心情很好的我，与以前做广告业务时的公司员工联系，试探着拉拢道："要不要来我这里？"

因为那时谁都没有宅建士①资格证，所以我们不能进行房地产交易。于是有段时间，我们公司得委托有这一资格的公司帮忙，而我们公司只能负责"介绍客户"，处在这么一个尴尬的位置上进行销售。为此，还得交大笔的手续费给有这一资格的公司。

这样下去，随着交易数量的增多，成本也要增加，公司也会缺乏灵活性。所以公司需要这个资格证，但是，要让公司的员工学习，然后通过考试，从注册到申请资格，就得花二年以上的时间。

于是，我就去劝说那位有房地产交易经验，并且有宅建士资格证的朋友，并开出条件让他当公司的"二把手"，领导公司的一线工作。接着他就辞掉了原来的工作，到了我这里。

这不仅意味着公司的收益提高了，我也能空出自己的时间去思考公司今后的发展，有更多的精力去开拓客户资源，可谓是一箭双雕。

在他进了公司，并逐渐习惯了这边的工作之后，我

① 宅建士：全称为"宅地建物取引士"，即住宅用地交易师，类似中国的房地产代理人，是以日本《住宅用地建筑物交易法》为基础规定的具有国家资格的从业人员。

就让他负责销售部的管理监督工作了。为了配合公司业务不断扩大的情况，也扩招了事务工作人员和销售人员。

中介费用收入从第一年度开始，就达到了一亿日元左右。这一业务没有采购费用，经费基本上用在租办公楼和付劳务费上面，所以有相当高的盈利率。

这一时期是最开心的时候。房源一单接一单地卖出去，大家都充满了干劲，公司内部充满了活力。"照这势头下去，说不准能上市！"公司内甚至有些人这么讨论道。所有人都热情十足。

◆ 由于融资标准的严格化，公司开始了化妆品和美容事业

但是几年后，金融厅①开始审查我的公司主要的合作银行，融资标准变得严格起来。之前年收入达1000万日元的公司员工，就能简单融资到约三亿日元的数额，现在却变成了只能融资不到一亿日元的数额。

看到这么个情形，我就想："金融厅开始行动了，

—————————

① 金融厅：是日本金融事务的主要监管部门。为内阁府的外局，总部设在东京都千代田区。

那么其他银行也一样，像这样严格的融资情况会接连出现，并会长期这么下去。趁现在还有钱，不如去开拓其他事业吧。"

而且房地产中介的商业模式起起伏伏，相当不稳定。可能某个月收入能有几千万日元，下个月的收入，就掉到了几百万日元，这样的事情可以说是家常便饭了。因此，我也有危机意识，想着得找个办法去填补这个不稳定因素。

有一天，为了开拓业务，我去了趟理财规划事务所。事务所的代表让我帮忙介绍化妆品代理人，代理原产自罗马尼亚的抗衰老化妆品。

这个人特别有意思，据说以前在招聘公司，还获得了"最佳员工"的称号。而我带的两位公司女员工，在体验了该化妆品的美容项目后，都赞不绝口。

想着既然这产品体验感那么好，要能成功上市，销售应该能稳定下来。而且在网上销售，运营成本也小。也可以每次接单的时候再采购，减少库存压力。

于是我和他合作，开始了在网上销售化妆品的事业。

在制作销售化妆品的官网时，该化妆品的进口总代理店打算在台场^①开一家集合全球各类美容院的商业场所，取名叫"美丽新天地"。该总代理店也对我发出了开店邀请。

因为那里的店租非常便宜，而且考虑到店铺可作为化妆品实地体验以及广告宣传的前线基地，所以我决定去开店。

因为当时资金比较充足，而我那时的商业眼光也不太好，现在想来，觉得那时的决定有些轻率。

实际开店后，不知道是不是主办企业的宣传力度不够，召集来的顾客数量和营业额，比计划的要少很多。

虽然没有亏损，但是回报却很低，所以开店仅一个月我就决定关门了。

因为没到合同规定的期限就提早退出，本来是要赔偿违约金的。但因为无偿将店铺的商誉^②、室内装修和备用品等转让给了"美丽新天地"的运营方，所以不用赔付违约金，而店铺的所有员工也可以在那继续工作。

但是"美丽新天地"也在几年之后停业了。所以从

---

① 台场：位于东京湾的一座人工岛，岛上有许多高科技娱乐设施、购物场所等。

② 商誉：指能在未来期间为企业经营带来超额利润的潜在经济价值。

结果上来看，公司还是做到了及时止损。据说那时，有的店铺本来是在市中心经营有美容沙龙的。后来决定赌一把，将原本的店关掉，去了那里开店。

这次经历，损失了约500万日元。但和当时我们公司的营业额、盈利比起来，并不算什么大的损失。然而房地产那边的员工却对此感到不满，好像还传出了"自己辛苦挣的中介费，都被领导拿去乱做生意给花掉了"类似这样的话。而我却是在公司快要破产的时候，才知道有这么一回事……

◆ 关掉美容沙龙前后的这段时间，声乐培训学校开张了

就在撤出"美丽新天地"前后的这段时间，声乐培训学校开张了。

开这个学校是源于我的自卑感。

刚好在这段时间，我有幸得到了陆续出版书籍的机会，因此，委托我开讲座、办研讨会的机会也变多了。但是这就有个问题。

本来我说话的时候，舌头就容易打结，说上一个小时，声音还会变得沙哑，发不出声。喉咙疼、声音嘶哑，

很长一段时间内无法说话。

因为我有鼻炎，所以也知道自己说话有些含糊不清。研讨会结束后的问卷调查上，要是看到写着"说话太快听不懂""不知道他在说什么""希望演讲人说话再清楚一点"这类扎心的意见，还是会受到打击的。

我觉得"这样下去可不行"，想找找看有没有什么改善的办法，于是就到某所声乐培训学校报了班。

要说那时候的声乐培训，大多都是学唱歌的班，而那所学校刚巧有培训改善"发声"的课程，所以我就去学了。

但是每周两天的课程，上了两个月后，我说话舌头打结的毛病，还有讲话含糊不清的问题，感觉都没变好，完全没得到改善。

在这种遇到瓶颈的时候，我在一个经营者交流会上与一位女性相遇，之后她成了我的妻子。与她相遇的那年春天她刚从音乐系的研究生院毕业，当时她是一名在宴会等场合上做兼职演奏的钢琴家。

某天餐会时间，我听她说："在音乐学院的时候，除了学习钢琴之外，还学了声乐。"

于是我跟她讲述了自己的烦恼。报了班培训，但是发声并没有得到改善。听完后她说："那是因为你的呼吸方法不对。你像这样发声的话就好了。"然后看起来好像很简单的样子，把方法教给了我。

我就照着她说的做，没想到发声真的变轻松了！两个月的培训都没改变的事情，居然一下子就改变了！这时，我突然来了灵感——这能做生意！

肯定有很多像我这样苦恼于发声的人。所谓的大型培训机构都纠正不了的问题，要是自己去开办学校，肯定能和其他培训机构拉开差距。

而且就算挣得不多，只要能改善他人的自卑之处，也是件好事了。

于是，我聘请她做公司员工，开办了教商务发声的声乐培训学校，取名"商务之声"。

然后拜托公司文员去选教室，并做好接待学生的客服工作。虽然员工对这些工作流程都很熟悉，但是房地产部门的员工好像又不高兴了，并抱怨"开美容院的事儿才失败没多久，又开始折腾起别的了"。

又因为我太太那时完全没有创业经验，电话接待和电脑操作的水平都非常一般，是一个参加企业研修活动，去坐飞机也会迟到的"小白"员工。

所以房地产部门的员工也有了意见，觉得"为什么要聘那样的人"，导致员工更加不信任我。

◆ 2008 年 9 月的雷曼事件，导致公司的资金周转恶化

然后在"商务之声"开校后没多久，大苦难到来了。那是 2008 年 9 月发生的雷曼事件。

银行融资急剧紧缩，之前非常有诚意的几家银行，都开始要求"首付得 50%""工薪阶层原则上不得融资""审查对象的金融资产要达 2000 万日元以上"等。这类通知到来后，银行的审查变得十分严格。

但是我们公司基本上没有符合这些条件的客户。原本我们公司就是打着"普通上班族也能通过投资房地产实现躺着赚钱"的宣传口号来做生意的，这样的话，谁都买不了地产。

在这样的情况下，公司无论是成交额还是单价，都大幅下跌。原本平均一单中介费可达上亿日元，后来一下子掉到了只有几千万日元。甚至渐渐地，有一个月都

没有营业额的情况。

雪上加霜的是，不久后资金周转变得困难起来。我不得已取消了员工的奖金。自己也得贴钱进去，以熬过这段日子。

但是像工资、租金这类固定费用，每个月就得花300万日元以上。零营业额的月份，资金就会急速减少，这样的资金周转压力相当之大。当时的我非常害怕要面对"再过几个月恐怕就得揭锅底了"的情况。

◆ 业绩恶化导致员工的向心力不足，于是我辞去了董事长的职务

到了2010年的春天，业绩也没有恢复，前景堪忧。考虑到这样下去，会因为付不起员工工资和租金，而导致公司破产，所以我不得已做出了一个决定。

我跟员工说"之后半年没有达到销售目标的员工，要换合同，没有基本工资，按提成给工资"，并将办公地换到了租金较低的地方去了。

员工也有员工的立场，他们质疑道："公司有那么缺钱吗？中介费应该赚得不少吧？"面对这些质疑，我

给他们看了各种财务报表，很明显，除了普通支出外，像是社保费用的一半都是由公司承担的，也跟他们说明了公司即使赤字，也要交付消费税的情况。

然而又有人问："为什么交通费用会花销那么多？"不过这实际上是公司那位"二把手"私底下的抱怨。

他从最开始，就好像很不满我去开那家"商务之声"培训学校。负责一线工作的"二把手"，要是经常跟员工说那学校和我的坏话，其他公司员工当然会对我产生坏印象。所以之后，所有人都开始看不惯那所培训学校。

于是我就跟他们解释道："'商务之声'也就头两年亏损了，之后也盈利了。把之前的损失给补回来了，现在也办得很好，挣到的钱，也有你们的一杯羹。"并给他们看了学校的盈亏分析报告。他们还是无法接受，并质疑道："有没有藏了其他什么经费没给我们看？"

没办法，我只好将"商务之声"从公司分立出来，让学校暂时处于独立经营的状态。

公司势头好的时候，真的很好。大家忙碌充实，分工明确。公司内部充满了活力。但是，也导致我没有注意到公司存在的一些问题。一旦营业额出现了状况，公司内部的问题，也就是我管理能力不足的问题，就会被暴露出来。

员工变得不信任我，向心力不足。同时他们也失去了工作的动力。

再之后，基本上所有的销售员工都没达成业绩，变成了只给提成的合同形式。停掉了固定的上班时间，公司也变得不像公司了。

这段时期，我感到了我作为经营者的管理能力到了极限，也非常心累，所以开始考虑把自己的董事长位置让给别人。

当时主动接手的是公司的"二把手"，那时也是公司基本上到了没钱的时期。

所以我跟他确认道："每月的固定费用就要花那么多，你真的能干吗？""我也只能干下去了！"他回答道。对于公司的情况，他还是有些觉悟的。

于是我跟员工交代了换董事长的事宜，之后再弄登记等相关的法律手续。而我就暂且从董事长的职位上退了下来，作为顾问，为研讨会的举办等做后援工作。

◆ "二把手"开始表现出对我的不信任

然而，却有更多的问题出来了。"二把手"开始质疑我动了公司的钱。

他应该从以前开始就不信任我，然后翻查了以前所有的账目，说我有非法汇款的问题。

我以前确实有用过公司的经费来垫付私人的费用。我想他估计说的是这件事。而当时，我作为公司董事长的报酬，是每月 10 万日元。但实际上，公司没有付这笔钱，我的生活费用都是靠吃我自己的老本。

所以这笔钱主要是用在交通费和交际应酬费上，并没有挪用公款和违法的地方。而且我也有投钱进公司里，也是公司的股东之一，所以是没有动机去盗用公款的。

虽然那时候我告诫过他："比起翻旧账，还是想想该怎么经营好公司吧！"但是一个人钻起了牛角尖，谁劝也没用。

我深切地感受到，人在这时候，只会看到自己想看的，只听自己想听的。

而那时，"商务之声"有一部分学生汇款，有 200 万日元的结余，然后他又开始说："这笔钱你不交？"

我试着跟他解释道："'商务之声'已经从公司分离出来了。这笔钱应该是属于学校的，而且也是因为大家讨厌才分离出来的。"然后他又固执地说道："要补回前期公司投资的那笔钱。"

我说："之前的损失已经清掉了，前期投资的钱也收回来了。也成了你们工资的一部分了。""公司没钱，所以不行。"他又硬说道。

实际上，因为那时各种乱七八糟的事情，我和我太太谈过好几次话，那时由她负责经营培训学校，也因此俩人之间的距离快速缩短了，成为之后不久我和她结婚的机缘。

我也让当时的股东进行仲裁和劝说，由于无法消除"二把手"对我的不信任感，这也削减了他对经营公司的动力。于是他将剩下的全部公司员工解雇，并说"干不下去了"，然后举白旗放弃，退出了公司。

后来听那位股东说，他那段时间每日苦恼于资金周转的问题，精神压力非常大。

之后我去了趟事务所，在没有人的空间里，桌子随意地摆放着。我记得那时我呆立在那里，有种说不出的空虚感涌上心头。

事务所换办公室才三个月的时间，我就解除了房租合同。剩下的东西也让回收人员收走了，并把钥匙还给了管理公司，事务所成了过去。

因为公司还没变更登记，按原来那样我还是公司的代表。付给解雇的员工相关的离职补偿费用后，我的存折余额几乎为零。

于是，我失去了员工、公司、金钱，失去了一切，变成孤身一人。

◆ 股东要求分红

但是，这并不是结束。

公司这样的状态，根本没有分红给股东的基本资金。而且，在有亏损的情况下分红（没有留存收益状态下的分红）也是违法的。然而即使这样，大阪的股东仍然要求分红，还说不接受削减、分割分红额度等行为。

按说之前的分红已经补上了股东的出资额了，没有让他亏损。不过那时，那位股东经营的公司因为有制造虚假营业额的嫌疑，而被刑事指控。也许他那时候也有自己的难处吧。

话是这么说，但是可怜之人必有可恨之处，那位股东一直跟我叨叨要分红，弄得我也烦，渐渐地无视了他。

可能是我这样的态度触怒了他。他开始说要作为股东代表对我发起诉讼。我想着不想再跟这么麻烦的人有牵扯了，于是买下了他的股份。

而围绕这个公司的纠纷，也终于拉上了帷幕。

在一系列的经历中，我作为经营者的自觉和意识很低，虽然后来回忆起来，会想明白很多事情。但是当时处于旋涡中的我，没有那样的心理准备和精神去改正自己。那时的我真是一位"不合格的领导"。

在前言中，我也提到过，有必要将这次的经历，作为我今后发展的一个经验教训记录下来。想必也有和我有过同样烦恼的人。思及此，我决定要出版发行这本书。

在接下来的章节，我会更详细地说明一些作为领导不该做、会导致管理失败的事，并将其中失败的主因和应该要吸取的教训，介绍给读者朋友们。

第 1 章

思维

01 曾逃避"成为领导这件事"

教训： 管理能力，是值得挑战的最强技能。

◆ 是要在专业岗位上做精做强，还是要成为领导？

近年来，好像"不想当领导"的人越来越多了。

要是只看眼前的得失，确实是这么个道理。明明工作越来越忙，却没有加班补贴，而且精神压力还很大。看到自己的直属领导疲惫不堪的模样，会觉得当领导很"划不来"吧。

但是，放眼自己漫长的职业生涯，如果试着去思考朝怎样的方向前进，才能有幸福的职业生涯和丰富的人生体验时，难道当领导就真的不好吗？

工作者要成功，只有两种选择。

其一，无论是经营还是开发商品，要作为"专职"去追求专业的技能，成为他人所无法替代的有价值的人才。

其二，要成为科长、部长、项目经理等领导型人才，带领团队做出成果。

只有以上这两种选择。

如果一直做着基层工作，那么谁都可以替代你，且工资只会越来越少。甚至现在，已经有一些工作被部分新兴产业国的廉价劳动力给抢走了。而将来，人类的许多工作还很有可能会被机器和人工智能所取代，这一社会趋势与我们每个人的工作、生活都息息相关。

要这么做下去，恐怕很难一直靠收入过着稳定的生活。

也就是说，要想过上富裕的生活，就得从"谁都可以干的基层工作"中解脱出来。

◆ 公司会为"卓越"人才铺好他们的职业发展道路

话是这么说，但"专职"的门槛却很高。

我以前工作过的咨询公司，薪水确实很高。但是那里汇集了一群极其优秀的顾问，所以竞争特别激烈，要想从中脱颖而出，是非常困难的。

当时，有一位从东京大学毕业的后辈。他从小只用听一遍课，就能把内容全部记下来，所以从来不用做笔记，基本不用怎么学习就轻松考进了东大。

他在进入公司工作后，可以很快地对论点进行分析和结构化，也会用幻灯片进行图解，还能用办公制表软件做透视表。是一位连周围的前辈们都会惊叹的优秀人才。

这已经不是靠努力就能缩小的差距了。"我可赢不了他。""我和他的脑部构造完全就不一样吧？"看到他时，总会让人忍不住这么想。

无论是咨询公司这样比较特殊的企业，还是普通企业，特别像是一些大企业，一旦发现了像他这样"极其卓越的人才"，从早期阶段就会让他加入特别项目，对其进行锻炼、培训。

是单独告知本人，还是在公司公开宣布这样的消息，公司不同采取的方式也会有所不同。高层和人事部会为这类人才铺好职业发展道路——"让他在不被毁掉的情况下成长起来"。

在外资企业里，像通用电气这样的大企业，有专门的人才培育项目，为尖端人才提供集中教育。

在日本，像网络代理（CyberAgent）[1]这样的互联网技术创业公司，会提拔这类年轻人才到子公司当董事长。即使是在中小企业，也会将这类人才分配到高层的直属部门去工作。这样精心栽培人才的例子在企业里并不少见。

像这样，无论是研究职位还是干部候选人，高层都会有意地对这些人才进行职业培训。同时，也是为了防范风险，以免这类人才流失或是被别的公司挖走。

而要成为这样的人才，真的是极其少数。这不是有意识地去做就能成的事，靠努力也不一定能做到。他们所拥有的天赋与普通人不一样。因此，之后会形成两极分化，收入的差距可能就由此拉大。

◆ 只要有一定的水平，是可以通过努力成为领导的

而另一方面，成为领导的门槛就相对没有那么高。

为什么这么说？因为要当领导，比起天赋，个人的意识和态度更为重要。而这些因素，是可以通过一定的

---

① 网络代理（CyberAgent）：日本网络代理株式会社是一家日本互联网技术公司，以运营日本博客（Ameba）和网络广告业务为主。

努力达到的。

具体怎么做，之后我会详细地给各位说明。像是"员工的话要仔细聆听到最后"、勤说"谢谢""辛苦了"等，像这类行为，不需要什么特别的才能，谁都可以做到。也就看你能不能平时多加留心做到这些方面而已。

总之，领导的基本工作，就是要带动员工的工作干劲。这通用于各行各业。所以可以说，领导是市场上的稀缺人才。

尤其是在第三次产业革命，也就是近来服务业成为主流的这段时期，服务质量成了市场竞争的源泉。而决定服务质量的是人，是由他们的能力和工作干劲所决定的。没干劲、颓废的人，是提供不了高质量的服务的。

而且，和只要提供更加物美价廉的产品，就能占据市场优势的第二次工业革命时代不同，现在是连生产厂家，都被要求能提供更完善、细致和周到的支持体制的。

要是对顾客表现出不满，企业就会立刻被挂上网，并遭人抨击，导致企业形象受损，业绩下滑。这样的情况也越来越多了。

也就是，管理能力的优劣与企业竞争的优劣相关，所以无论是哪个企业，都想要有能当领导的人才。

这么想来，挑战领导这个职业，也会影响个人职业选择的广度。

◆ 当领导就像是一场投资

让我们回到开头部分，说起当领导的"损失"，就有点像投资。

投资是先出资承担风险，然后再收获成果（回报）。

当领导也要先各种劳心劳神、忍耐、担责等，承受这类"损失"，之后才会得到各种回报。

就好比通过领导一职，领导自己会得到成长，同时也会为员工的成长感到高兴。而员工的成长，也为自己去做更高水平的工作，争取到更多的时间和机会，让自己有更多的发挥空间，得到晋升一步台阶的机会。

此外，领导需要不断地做出判断，因此也会获得决策的机会。

无法做决定的人会很难展开行动，因此，当领导不可避免地要做出判断。当然，要做出判断就会伴随着责任和重压。

但是做判断可以锻炼人。迅速、正确地决策和判断，具有这样才能的人，是哪个公司都抢着要的。而这个能力，又是可以通过使用公司的资金锻炼出来的。

所以，可以说，领导能力和组织管理能力是值得挑战的最强技能。

这么想来，如果因为考虑到当领导会"划不来"，就逃避这条发展道路的话，对于个人的职业选择发展来说是不利的。结果反而会吃亏。

02 曾不具备"领导的资质"

教训： 不用非要成为"优秀的领导"，但要对员工抱有"爱"，并通过行动展现出来。

◆ 你不用非要成为一名"优秀的领导"

可能大多数人对领导会有这么个印象，即领导具有强大的领袖魅力和决断力，能够自上而下地带领员工和组织不断前进。确实，是有这种类型的领导，但并不是所有领导都是这样的。

事实上，有很多领导，即使没有领袖魅力，但是却能够在周围人的支持下提高业绩。

有些领导会和员工构筑起一种关系，让员工会主动为领导努力。就比如，"我们的科长不可靠，所以我们得好好干才行""想给部长长脸""可不能给经理丢脸""大家一起守护这个公司吧"等，员工会主动为领导考虑做事。

这类领导会认为，与其"让员工按照我的想法去行动"，不如让他们"自发地去行动""让员工变得想要行动起来"。这类人具有这样的领导才能。

从现实的角度来说，中层管理者会更适合成为这类型的领导。近来，一些领导既要管理好员工，同时还要达到自己的营业目标，身兼数职，非常忙碌。所以让员工按照自己的步调，自发地行动会比较理想。

◆ 细心的关怀和忍耐力

要发挥这样的领导能力，就需要细心的关怀和忍耐力。

像是要多问候员工，表现出"我有关注着你工作哦！"的样子，并需要持续地给予温暖的关怀。

要让员工感到"领导理解我们"，这种办法尤其能鼓励到年轻人和女性员工。

在实务方面，虽然要关注员工的工作情况，但是不能各种小事都插上一嘴。交给员工的任务，就让员工自己做到最后。即使情况好像有些危急，也要温柔、耐心地守护着他们。

在这样持续的关怀之下，即使是没有什么才华或领袖魅力的领导，也能引导出员工的能力。

优秀的人才本来就能不断成长，这样做，不仅能够激发出他们的潜力，连普通员工也会变得"自主思考后行动"。

然而，却有许多领导对员工缺乏耐心。比如会说"为什么连这种事都干不好？""你要让我重复几遍啊？""这种事情你自己不会想啊？""我自己干都比你快！"等，对员工火气非常大。

现在这个时代，由员工主动靠近领导的想法是完全错误的，正确的应该是要领导自己主动去贴近员工。这样做并不会让领导变得卑微。领导需要试着去贴近、理解员工的困难之处。

我们可以试着这么设想：员工是"幼儿"一般的存在，而自己就是养育这样的"幼儿"的"父母"。

◆ 假设"员工＝'幼儿'"，那么，领导与员工的接触方式，就会有所改变

跟幼儿说"去收拾一下"，他也不会懂。所以得跟幼儿具体地说明："把这玩具放到箱子里面去吧"才行。只说一遍，他还不能立刻就上手，还得耐着性子，反复

地说好几遍才行。

而且放着不管幼儿，又会让人有些不放心，所以还得保护好他。但是幼儿也有想自己一个人玩的时候，看他集中精力自己玩的时候，做家长的，也有必要放他一个人去玩。

幼儿希望自己能够得到关注，希望别人能听他的话，即使是语言笨拙，听了不得要领，当父母的也要"嗯，嗯"这样，好好地附和。

训斥幼儿时，他会哭起来，所以父母在通常情况下，应当采用劝导而非责骂的方式来跟幼儿交流。表扬幼儿做得好的地方，幼儿就会开心起来，所以育儿的时候，要多找出孩子的优点进行表扬。如果幼儿因为自己做不好而哭了起来，父母就得安慰道："没事，没事。"

那么试着将上述角色替换成员工，就会变成像下述这样来应对员工：

·调整业务量，不让员工一个人承担过多的工作。遇到负担重、难度高的工作，要适时地询问员工，以把握好工作进度。

· "你把这个做一下"，就这么说的话，员工是不明白的，得跟员工说明做这事的原因、目的，以及给出具体指示。

· 员工在做一些要自己承担责任的工作时，要给予他们信任，试着放手。

· 即使员工说了一些比较幼稚、不得要领的话，也不要打断他们，要表现出理解的样子，把话听到最后。

· 训斥员工往往会让他们感到不高兴，所以尽量找他们的优点来表扬，所谓先扬后抑。

· 如果员工在电话里，仿佛想跟你诉说自己的烦恼时，不要视而不见，而是要问："怎么了？没事吧？"并予以帮助。

· 假如员工因工作出错而变得消沉，要鼓励、安慰他"我可没有放弃你哦"。

为什么父母能够忍耐幼儿，不会感到火大呢？那是因为他们打从心底爱着自己的孩子。我说的"把员工当作'幼儿'就好了"并不是说要"把他们当成'小孩'"，而是说要"带着爱去与他们接触"。

说到"爱"，表达可能会有点抽象，但是带着爱去与员工接触，这会从你的言语和态度中反映出来，是可以将自己看重对方的心意传达过去的。

举个简单的例子，如果只是面对电脑屏幕，然后板着一张脸对出差回来的员工说："辛苦了！"和把视线从电脑屏幕上移开，笑脸相迎地说："啊，回来啦？辛苦了！怎么样？"两种方式，给人的印象会完全不一样。

如果你是发自内心地爱护员工，就不会任由情感宣泄，不会说出非常严厉的话或是责骂员工，而是会小心地劝导，和员工一起想办法完善方案。这样，员工就会觉得"领导在为我着想"。

◆ 不要不耐烦，要温和、自然地与员工接触

努力把自己当成"带着爱去培育'幼儿'的'父母'"，而不用认为"领导就要有领导的样子"，然后勉强去改变自己，就能自然而然地处理好上下属关系了。

这样的话，即使员工有些不谦逊或以自我为中心，你也不会那么烦躁，而是能够以比较平和的心态去应对。

没有领袖魅力的我，没能成为得到周围员工拥护的

领导，是因为过去的我，对员工没有爱。

我不太关心别人，别人在干些什么，我都不太感兴趣。在当上班族的时候，就算同事比我先升职加薪，我也没什么感觉，当然也对明星、政治家们的出轨等八卦新闻毫无兴趣。

因此我的心态平和，过着比较"唯我独尊"的日子。这样的性格，一个人过的话，倒是没问题，但是我却用同样的方式对待员工，很少关心、照顾他们，所以员工的心里，也渐渐地与我产生了隔阂。

以前即使是新的工作，我也就让员工看一遍怎样做。"之后的你能做了吧？"丢下这句话后，就让员工自己去弄，也不怎么会去问"现在进展如何"，很少说一些慰劳的话。

这多少让人觉得我有些冷漠，这样的态度想让人追随我都难。

不少经营者认为"员工就跟家人一样"。但这不是说，要像跟家人一样，过度干涉员工的工作和生活；也不是说，有些事情不用跟员工说透，就觉得他们会像家人那样懂自己。我认为这句话，意在让领导们要像对待家人一样，对员工抱有爱。

我当然也爱着我的家人，但是那时的我，并没有用同样的方式去对待我的员工，这也是我后来成为失败领导的原因之一。

所以，如果你感觉到员工的态度有些冷淡，好像对你并不信任时，试着问问自己"是否对员工抱有爱"。

03 克服不了的"领导之墙"

教训： 学会理解员工的价值观，改变方向前进吧。

◆ **每位员工的工作能力是不同的**

在刚当上领导的时候，许多人会觉得"员工没有按照我所想的那样去行动"。其实，这些人都撞上了"领导之墙"。而且，越优秀的人越觉得这堵墙很大。

有一部分人可以顺利地跨越这堵墙，作为领导成长起来；而有些人就会在跨越这堵墙时，花费好长一段时间，或是撞上这堵墙，成为像我这样"不合格的领导"。这三者之间到底有什么不一样的地方呢？

能轻松越过这堵墙的人，从年轻时，就开始接触许多不一样的人，不断磨炼之下，提高了与他人的沟通能力。

这类人的经验，使他们能够配合员工的性格和个性，具有灵活的应变能力。

而经验不足的人，就不能理解与自己想法不一致的人，并与之共事。会误以为员工和自己有着一样的能力、一样的职业意识和一样的行动原理。然后就会以自己的标准来评判员工，为员工与自己的不一样而感叹。

越是认为"自己工作能力强"的人，越有这方面的倾向。

但是，本来就是公认的领导比员工的能力强，所以才能当上领导的，员工比自己工作能力差一些也是理所当然的。

"为什么连这种事都干不了？""非得要我手把手教你才行吗？"等，一些领导会嘴上不离这些话。当领导要尽快注意到这点，并改掉这个毛病才行。

我自己也会跟与我工作观念不一样的人有距离，也曾只能跟与自己能力相当或以上的、积极的、与自己志同道合的人接触。

跳槽成为外资战略顾问，也是因为想和优秀的人切磋技艺。那里的员工，都是会自己主动追求、不断成长的类型。

所以作为经营者，要是雇用了不是这种类型的人，就会有"为什么这样的事他都干不好？""为什么他不会自己主动工作？"等想法，认为对方也应该用同样的想法来思考行动，然后就对员工置之不理了。

◆ 停止"以自我为中心的想法"

或者也有这类，全部事情都自己扛，即使把工作交给了员工，还要每一步都去认真检查、确认一番。这是因为，这类人认为"员工应当按照自己想的那样去干""我的做法才是最好的"。

而这种做法，其实并不是想要培养员工，而是想让自己放心。只有员工按照自己说的去做，心里才会舒服。只有员工跟自己一样采取同样的方式去做，才会放心。

但是员工也有自己的想法，会想"我想这样""我是这么认为的"等。而完全无视这一切的领导，只会抑制员工的成长，会被说成"管得太多的领导"。

或者也有只是嘴上激励说，"加油""你一定能行的""我那时候是这样做的"等，让员工听一些经验之谈，却不会给予具体反馈和建议的人。

这种也是纸上谈兵的类型，把自己过去成功的经验强加于人，逃避与员工面对面接触的机会。因为这类人认为，去了解员工的价值观是件麻烦事。

无论是哪种类型，他们的做法都源于那不愿放下身段去平等看待员工，并且以自我为中心的观念。即使员工有想法，但是最后，也不得不按照领导想的那样去做，而领导也不会去反思"管理职务应该做的是什么"，没有负到领导应负的责任。

◆ "领导""员工"都不过是一个工作角色罢了

在公司有主管和经理的头衔。

但是，那只不过是职能分担而已，并不能说明经理就有多了不起，普通员工就低人一等。员工有员工的任务，领导有领导的工作。

那么领导的职责是什么呢？领导的职责，并不是让员工按照自己的想法去办事，而是要让员工成长，并组织、带领团队做出成果。

所以要时常想着"如何才能让员工成长"，引导员工自发地想去工作，也是领导的重要职责之一。反过来，谁都不会指望，让一个员工去做这样的领导工作。员工的职责是在一线工作，为公司带来成绩，不需要让别人成长，只要让自己得到成长即可。

而且，让员工成长起来，也会让领导自身得到成长。比如，自己做的话就能很快完成的事情，倘若花些时间让员工学会，自己也能有更多精力去干别的更高水平的工作。

这样将任务交给员工，或是让员工一个人独立完成工作，自己也能去做更高层面的工作。要是没有这样的想法，那么你就得一直这么守着眼前的这些工作。也就意味着，自己得不到成长。

也就是说，那些放手让员工自己完成工作，让员工成长起来的人，有让自己不断成长的追求，同时也具有勇气和耐力。

你或许会感到"当领导真累"，但是只要克服这个难题，它就能成为人不断得到成长的动力。

04 我曾天真地以为"领导就是不一样"

教训： 领导是能够自然地吸引他人追随的人。

◆ 所谓领导，是能够自然地吸引大家的人

《行尸走肉》是美国一部非常火的电视剧。我在拙著《你可以善良，但要有底线》中也提到过。因为这里谈到了领导，拿它来讲会比较好懂，所以再给读者们介绍一下。

这部剧讲述的是一群人从叫作"行尸（Walker）"的丧尸群中逃脱出来，一边战斗一边寻找能够安居的地方的故事。

主人公瑞克是一座小镇的副警长，在追缉逃犯的过程中，被逃犯的手枪射中，昏睡在医院里。等他醒来的时候，却迎来了丧尸四处徘徊的末世。

他千辛万苦地逃脱出去，并与从丧尸占领区逃出的妻儿，以及其他的生存者们一同汇合。最后到来的瑞克成了他们的队长，担负起了让团队所有人生存下去的职责。

◆ 指明道路，果断地做出判断

之所以大家都愿意跟随最后到来的瑞克，可以说"是因为他为大家指明了一条能让大家活下去的路，说服大家，并身先士卒承担起了这份危险的队长之职"。

生命面临着危机，无所适从，前进的道路又充满了未知，令人不安，伙伴们要么处于惊慌之中，要么鲁莽行动。

对此，瑞克会根据不同的情况提议"大家要熟练使用武器""这里很危险要快点走""要先救出行踪不明的伙伴""先在这处停下休息吧""大家分散了的话就在这里集合""在这里战斗吧"或"这种环境要避免战斗"等，带领迷茫的队友们行动。

而反对他的人，要么被丧尸杀掉，要么离开队伍。另一方面，遇到他并与他有同样想法的人则会选择加入团队，继续一同寻求安居之处。

首先，要点之一是"走这条路没错"，领导应该像这样，果断、明确地指出一条前进道路。一旦自己迷茫，就会给员工带来不安。所以要果断做出选择，这样会让人感到安心。

其次，不要放弃说服周围的人，要有鼓舞、引导他人"朝这条路前进"的能力。带有感情、热情地表达出自己的想法。

再者，还要有负责任的觉悟。瑞克虽然在前进的途中提出了各类逃脱困境、救出队友的方案，但是最危险的任务往往都是他自己来扛，不是"说的时候才是领导""犯错的时候是你的责任"，而是率先行动，并且由自己承担后果。

而且瑞克从不说一句软弱的话，也不犯傻或抱怨。无论是多么刺头或是让人火大的队友，也会让这些人发挥他们的特长并与之合作。

因为具备这样的领导素质，让伙伴们觉得"和这样的人一起会让人很放心"，于是认同了他的领导权。

我觉得这部剧其实讲述了领导应该具备怎样的能力。

"真正的领导"是一个即使不自己说"我是领导"，即使不会有人专门任命说"你是领导"，即使没有"××长"的头衔，也会"自然而然地让别人追随你"的人。

◆ 没有员工会超越领导的水平

过分地在乎头衔，会误认为"我很了不起"，就会有"员工应该听领导的""领导比较了不起"等这样的想法。

我也曾自以为是过，觉得"我是董事长，所以稍微任性点也没关系吧""董事长是特别的存在，其他员工要和我一样那就很奇怪了啊"。

当我意识到这样不对的时候，是在我一个人加班到深夜、不断地应酬，有一段时间连续早上上班迟到之后。

当我的步调又回到了从前那样，早上可以按正常时间上班的时候，员工开始接连迟到。他们觉得，"董事长也迟到了，我们跟着也没关系吧"。

员工会关注领导的一举手一投足。

所以领导懈怠了，员工也会懈怠。行动模式会变得越来越像。行为变得和领导一样，说话礼貌的领导，他的员工讲话也会很礼貌。相反，说话比较粗俗的领导，他的员工不久后，也会学着领导那样说话。

好比领导想要减少公司员工加班的情况，就得先带头干完工作早点下班。说着"快点回去"但又在加班的领导，是会让员工不敢明目张胆地下班的。

工作质量也是，领导要是妥协了，觉得"弄成这样差不多了"，员工也会变得敷衍。这是因为员工是不会超过领导的标准的。而那些比领导还优秀的员工是会讨厌领导而辞职的。

不仅是行动上，心理也是。一旦领导失去了对员工的关心，员工也会对领导离心。

那些感叹"员工不跟随我"的人，其实打心底就没有信任过员工。所以员工也不会信任领导，然后就变成没有人跟随领导。

◆ 没有自信没关系，犯错了也没关系

《行尸走肉》不过是一部情节虚构的电视剧，所以现实中，并不能真的像主人公瑞克一般行动。而且，像是偶尔怀疑自己的指示和方针是否正确等，也是再正常不过的行为。

特别是风云莫测的这么一个时代，要想有自信也应该很难吧。但是，即使是没有自信或是犯错了，也没有关系。只要犯错了老老实实道歉，并好好说明原因，直

到大家都理解为止就好了。

如果你犯错后只会说一些抱怨的话，则会失去别人的信赖。自己犯错了就要坦率承认，并好好解释说明，员工要是接受了道歉，会和你一起想办法补救的。比如，经营战略和中期经营计划等，换句话说，就是"假说"和"行动目标"，谁也不知道这样的决定到底是对是错。

所以如果情况和想法有了变化，那改变方针就好了。重要的是，要好好说明"变成这样"的原因。

就像地铁停运。最让人焦躁不安的情况是，地铁没有广播，广播一直保持沉默或是打算隐瞒地铁停下来的原因，这样反而会让乘客们非常不满。

如果公司高层随意改变计划方针，即使作为领导的你感到很困惑，也不能说"上头的指示，我也没办法"或是"这个，其实我觉得这指示没什么意义"，将自己的真实想法说出来。

因为这样会增加员工对你的不信任，他们会觉得"那你别让我做这样的工作""这样的话那你倒是跟上头的人说呀"等。看到领导没有带着信念努力工作的样子，员工一定会感到厌烦。

所以不要抱怨，而是自己尝试着站在上头的立场，去分析他们的想法，并跟员工进行解读、说明。让员工理解并接受工作，这是领导的职责。

而曾经的我，无论干什么都是"半吊子"。

创业之初，我是那种"大家一起加油吧"的领导类型。聘请了"二把手"后，就变成了"你想怎样管就怎样管"的领导类型。到了公司业绩下滑时期，开始了"自上而下的强权模式"，于是员工都乱了起来。

在每次本应当耐心说明"之所以变成这样的情况"的时候，话少又嫌麻烦的我，只会默默地把想法吞进肚子里，然后员工就认为"董事长叛变了"。

◆ 让言行一致

最容易让员工失去对领导信赖的一点就是"言行不一"。

对于领导来说，最重要的是"遵守承诺""不行就说不行""不能遵守承诺或是自己的指示出错的时候，就不要找借口，要好好道歉"。

就比如"我没听呀"之类的话，会让员工失去对领导的信赖，是一句容易打击到员工工作干劲的典型话语。

听到这样的话，员工大约会在心里吐槽："我明明很认真在说，你是在开玩笑吗？"

此外还有"我可没收到这样的邮件""我可没说过这样的话"等，这样强势地辩解也是不行的。

绝不找任何借口："抱歉，没记住！""对不起，给忘了！"最好的做法是像这样老实地道歉。

第 2 章

行 动

05 曾试图讨好员工

教训： 无论员工喜欢还是讨厌自己，这些都不重要。领导的职责是培养员工，让公司业绩提上来。

◆ 为什么没必要让员工喜欢

我听过这么一件事：

一位员工，工作效率非常低。于是领导本着好意给员工提了意见。提完意见，本来期待着能得到员工的一句"谢谢"。然而员工很漠然，甚至表情中带着不满。

尽管员工回答"好的，明白"。但很明显，他满脸不接受的样子，从他的态度和语气就能感觉出来。

"什么呀，这态度。"领导有些火大，之后路过休息室的时候，那位员工和同事的谈笑内容入了领导的耳。

"真是的，我那科长，总是一副瞧不起人的样子，对我的工作指手画脚的，真让人火大。"

那领导听了非常生气，同时又想"我要怎么样才能让人满意"，顿时就丧气了，也失去了指导员工的热情。因为过分地在意员工是怎么想自己的，所以给出指示和提意见的时候，也变得犹豫了起来；因为过分在意员工是否在私底下说自己的坏话，然后就失去了做领导的自信……

我想应该有领导遇到过类似的情形：会很在意员工对自己的看法，并因此而变得退缩，把本该说的话都硬生生地吞回自己的肚子里去。我非常理解这种心情。

但是，当你试图让员工喜欢自己时，就容易变得过分客气，甚至还会带点谄媚的态度，这样反而会让员工瞧不起。

那么当遇到这样的情况时，试着像下面这样做如何？

也就是将注意力集中在这一点，即"不管员工会喜欢还是讨厌我，我的职责就是要将团队的业绩提上来"。

"好领导"一般是对员工管得比较松的人受到的评价，不是在工作中受人尊敬的人受到的评价。

为了让员工不讨厌自己，犹豫要不要对其员工指示和提意见，在这样的情况下，上下属之间直接接触交流的机会就会变少，这样反而会让员工离心。

相反，像"魔鬼教练""魔鬼监督"，当下即使会被人认为是个"混蛋"，但当最终结果出来后，员工会对此感谢，并认可当时领导做的一切——"其实是对员工的爱""正因为有那时候，才造就了现在的自己"。相信当领导的人也经常会听到这样的话。

◆ 细心说明"工作的意义"

虽然不一定要当"魔鬼领导"，但"为了做出成绩"，在必要的时候也只能不管员工怎么看自己都要说出该说的话来。如果不说出来，那么就是"不合格的领导"了。

但是这时候重要的是，不要很强势地说"不要再强词夺理了，总之给我干"，而是要将"为什么要这么做"，诚恳、详细地进行说明。

就比如，"这样，然后这样，所以我觉得应该这样做，不过如果有其他更好的提议大家可以提出来"，这样说比较好。

总之，现在的年轻人，非常不喜欢低效，要是听了这件事的意义和原因都无法接受的话，他们是不会愿意去干活的。倘若领导下命令了，他们会有种"被迫去做事"的感觉，工作的时候极其不情愿，工作质量也会下降。

但反过来，要是他们接受了，本来这里面优秀的员工就有很多，他们会集中精力地工作，去解决问题。要是自己的意见被采纳了的话，他们的干劲会变得更足。

◆ 通过工作来说明一些得不到的东西

还有一点，就是"通过这个工作，可以掌握这样的技能，为将来干类似的工作起到帮助"，跟员工说明通过熟练做这份工作，可以提升个人技能和能力的相关意义。

他们要是理解了这工作的意义，本人也会变得有干劲，员工要是找不到反驳领导的理由，他们也就不得不接受了吧。

像这样，专注于在工作中做出成绩，以及培养员工提升个人能力，那么该说的话也就能大胆地说出来了。

作为领导要有这样的觉悟："不管员工怎么想，这件事都得干。对于这点，也要跟员工说明。要是这样还会招员工的讨厌，那就表示如果有其他更好的意见，可以提出来，自己也会接受好的意见。要是员工提不出什么更好的建议，他们也就只能老老实实听命干活了。这时候他们要是还有所抱怨，那就是他们工作态度不好的问题了。"

有了这样的想法和觉悟，既不会让自己感情用事，也会让自己少了些火气。

　　"只要听这人说的话去做，就会有成果"，员工意识到这点后，领导去跟员工说明的次数即使渐渐变少，他们也会逐渐地变得理解和接受。

　　这样就可以超越感情层面上的喜欢与讨厌，成为一位受人尊敬的领导。

06 曾逃避批评员工

教训： 不敢去批评的人，往往是以己为先的人。必要时
要去批评员工。

◆ 要有好好批评的勇气

"这样说的话会不会被员工讨厌？"

"到时候会不会在背后说我坏话？"

"会不会让我们上下级的关系变僵，之后工作也
不愉快呢？"

想必有一些领导会像上述那样，因为担心会惹员工
讨厌，而不敢提醒、批评员工。

当然，老是批评的话，会让员工感到厌烦，也容易
让人抑郁，所以不能总是批评别人。而且比起被讨厌，
人总是希望受人喜欢的。

但是负责管理员工的领导，是无法避免要去"骂"
人的。而且，在必要的情况下，无法批评别人的人，往
往认为比起让员工成长和维持组织秩序，自保显得更重
要。这样的人可以说是"不合格的领导"。

比如，一些违反职场道德和秩序的事，如果领导不多加注意，就会有失组织规矩。如果放任一些偷工减料等专业性问题不管，使得公司秩序混乱，也会让周围的员工士气大减。

所以在这样的情况下，不要觉得不好意思，"刚刚那样很不好，你明白吗"，要注意用坚决的态度去提醒员工。

本来一个人是否受人喜欢，并不一定等于受不受人尊敬。想要有"温柔领导"的人设，但却在工作上做不出成果，反而本末倒置。能够在该去批评的时候，好好批评的人，反而会让人信服。

而且，如果将正确的事情进行有逻辑的说明，即使被别人认为是"严格的领导"，但只要是认真的部下就不会讨厌你。如果员工还是讨厌你，那么，那位员工也不过是个经不起批评的人，其实他会有这样的心智反而是不成熟的体现。

◆ 不要弄错了批评的目的

有些人批评人会被人讨厌的原因，是因为他们会情绪化地大声斥责，说一些令人讨厌的话，对别人进行人格否定，翻旧账、絮絮叨叨地说教个不停。

批评不是让你去大声地责骂或是去追究责任，这种通过让人恐惧来控制别人的做法，不仅不长久，还会让员工对领导产生心理隔阂。

愤怒不仅什么都传达不了，还会起到反效果。骂人的一方会感到疲惫，被骂的一方会非常不爽快，结果什么都改变不了。不仅如此，还可能会招致反抗。所以相较之下，什么都不说反而比较好。

当然，如果是"友爱的责骂"，那是有效果的。但是这得让员工觉得"这领导平时就是一直为我着想，所以他的责骂也肯定是为我好"，要和员工保持良好的信赖关系。

领导的职责就是最大限度地发挥员工和团队的力量，然后做出成果。

而批评的初衷就是要让员工得到成长。通过对员工的批评，促使其能够胜任难度更大的工作。

所以所谓的批评，不是去否定、斥责员工，当然更不是把这当成自己愤怒的发泄口。批评，是为了让员工能够意识到自己的错误和问题，然后主动去改正，从而得到自我成长。

所以，要说一些让员工比较容易接受的话。让其能够认识到，领导是为他们好。

比如，先表扬一番之后再说："刚刚做的都不错，下次稍微注意一下这个部分"，像这样指出有待改善的问题，员工往往会愿意接受批评，反省着："啊，原来如此"，从而不会引起抵触情绪或叛逆之心。

试着给员工抛出以下问题："你觉得是什么原因呢？""你觉得应该怎样做，才能更高效、更准确呢？""你觉得下次该怎么做才行呢？"像这样，不仅可以让员工没那么害怕、紧张，也能让他们自己去思考问题。

如果被憎恨或反驳的话，就表示"我一直都是这么做的，而且挺有用的，如果是你的话会怎么做呢？如果有更好的方法我也想用"，领导要展现出尊重员工的姿态。

像这样在进行批评的时候，先说一些慰劳、感谢的话，然后再指出需要改善的地方，并且要论事不论人。

比起去批评，更重要的是要让员工意识到问题，让对方能够自主思考，并尊重对方的意见。而且批评的时间要短，不能说太多。

◆ 引导员工自己思考改善的办法

这个方法在什么地方都能用，也能在给出业务指示的时候用到。比如：

"对方终止合同了。"

"你搞什么呀？给我再去求一下客户！"

这样命令的话，就会让员工有种被迫承担责任的感觉，不会去自己反省问题，然后就会再犯同样的错误。所以这时候你可以试着这么说：

"这样啊，那你打算怎么办？这么下去肯定不行吧？在我去跟董事长报告之前，想听听你的意见。"

接着就会是，"我打算弄一份新的收费计划，再去跟客户交涉一下"。

员工就会不得不自己提出一个解决方案来。

"能行吗？"

"我试试看。"

"明白了，我看好你，拜托了。"

因为这是员工自己提出的方案，所以员工只能自己拼命去做了。

你可能也注意到了，对话中的领导，既没有命令员工，也没有给出回答。"想听听你的意见""然后你打算怎么处理"，用这些话引导员工自己去思考解决办法。又因为话是员工自己说的，所以这时候员工就只得去干了。

◆ 领导说的话如魔咒般具有力量

刚才提到了"要说一些让员工觉得这是为他好，听着容易接受的话"，而在激发员工干劲，促其成长这点上，需要领导努力和"会说话"。

要是能磨炼得会说话，只需一句话，就能让对方整个人热血沸腾，充满干劲。

无论是好话还是坏话，都有动摇人心的力量。这种话语的分量从领导的口中说出来，会产生更大的效果，这一点是需要领导注意的。

所以从要"怎么说话才能让员工成长起来"的角度去考虑，领导有必要掌握说话的技巧。因为这要根据情况和员工的心情来调整说话方式，所以就需要领导有多样的表达能力。

可能你会觉得"这样太难了"，实际上，只要平时多去观察对方就可以了。

平时好好地去观察员工的言行、表情、态度，然后你就会知道"刚刚他肯定是这么想的""这种情况他肯定是想听我说这样的话吧""他肯定是期待我能有这样的反应吧"。

但是领导的"死心眼"会阻碍这层想象。

有些领导认为自己站在高位，员工理应听我的。这样死板的观念，反而会让自己的观察力变得迟钝。

想着员工应该会按照自己的想法来行动，结果一看到不听话的员工就会火大，这是因为比起员工的心情，有些领导会认为自己的心情更重要。

其他的还有认为自己比较了不起，和对方接触觉得有伤自尊的时候就会生气。认为不应该是自己配合对方，而应该是对方配合自己，然后就觉得没必要观察员工。

要给出适宜的指导就需要适当地观察。这是将对方作为个人来尊重的表现。只有认识到这点，才能客观地去看待许多事情。

07 曾心累又忙碌

教训： 钱能让人从容不迫。领导还要负责创造未来的营
业额。

◆ 失去钱也会失去理智

现在回想以前，有时候会觉得要是以前经营的那家
公司，业绩一直是向上的，也就可能不会有什么问题了。

正如"营业额可以疗愈一切"这句话，要是业务多，
员工要做什么事也很明确，或许就不会有时间各种抱怨
了，而且做出的成果直接与他们的工资挂钩。当然，这
或许也只是把本来存在的问题延后爆发而已。

在"雷曼事件"之后，我因为资金周转的问题弄得
身心疲惫。

虽然在摸索公司多样化发展的道路上，声乐培训学
校有盈利，但扣除了部门里的四名员工的工资、教室的
租金，以及其他费用之后，盈利也就只有 600 万日元
左右。

而房地产部门的员工有十名，且都是正式员工，每

月光他们的工资和社保，就要花 300 万日元以上，也就是每年要花 3600 万日元以上。

就靠声乐培训学校的那点盈利，是怎么也填不了这个洞的。

虽然这么说，但是营业额也不可能一下子就上来。又因为没有钱，打不了很多广告，能做的事情非常有限。

于是我着急了，坐在桌子上说些像是"给以往咨询过的客户都发份邮件""请现有的客户介绍其他客户资源给我们""去给我找能融资的金融机构""给我找能出担保评价的房源"等的话，就只能向员工说些自己的成功经验，或是做一些谁都能说的、自以为聪明的指示，却没能做一些能从根本上让营业额上去的措施。

说是这么说，但资金周转的压力也是相当大的。因为害怕资金不足，做什么事都不能像从前那么从容，会让人不能冷静地去想出一些富有创造性的工作。也就是说失去了钱，也导致失去了理智。现在回想起来，感触颇深。

◆ 领导要创造未来的营业额

当然，培养人才和管理部门，是相当重要的工作。但是创造未来的营业额，也是领导的工作。也就是，领导不仅要负责营业，还要做规划。

为此，领导不能为日常业务和一线工作中的杂事所累，要考虑到三五年后事业发展的方向，以及业务流程的形式等。即使做不到完美，至少也要继续坚持播撒希望的种子。

如果让员工认为"在这人手下干也干不出什么成果来"，那么就会和我一样被员工所弃。

08 没能"速断速决"

教训： 迅速决断是信赖的源泉。要做好彻底的"事前模拟"。

◆ "迅速地决断"是信赖的关键

无能的领导会被员工所弃，这类领导是指没有决断力的人。反过来说，能够迅速做出决断的领导，会给员工留下可靠的印象。

比如，领导和员工间有这么一段对话。

"部长，客户那边要求给打个九折。"

"嗯……怎么办呢？"

"要直接拒绝吗？"

"嗯……有点难啊……"

像这样，领导犹犹豫豫，说话不清不楚，给不了明确的指示，这会在员工之间传出"我部门那领导没有决断力"的评价。

当然，在毫无思考的情况下，就立刻做出决断也是不行的。总之还是要注意一下回复的速度吧，这样也可以让员工的工作不会中断下来。

还是刚才的例子，假如领导说："要不跟客户商量打个九五折怎么样？要是不行的话就说'如果打九折，能不能提高订单量，这样我们这边也能保证盈利'。要是还不行，就只能说'就这次给您特别优惠'，让客户觉得我们给了他一个人情。"

效果会怎么样？

可能这会让员工觉得"领导很快就给出指示，特别可靠""领导做决定真是又果断又迅速"。

此外，在开会的时候，被员工问道："用 A 方案还是 B 方案呢？"如果你迅速地做出决定说："用 A 方案吧！"整个人就给人果敢且很可靠的印象。

◆ 决断力可以通过"事前模拟"锻炼出来

为了能够迅速做出判断，迅速做出决定，需要进行"事前模拟"。

要了解员工做什么工作，提前想到可能会出现什么问题。要能事前预想各种各样的问题，那么就能迅速做出决断。

为此，像是问"那件事怎么样了""有没有什么困扰"等，平日里需要多和员工交流，把握工作的进展。

但是在现实里，有时候也有无法迅速做出决断的情况。这时候说"我一个人决定不了，得和部长商量一下"，还不如说"好的，两天后给你结论"。

用这种肯定的口吻来回答，即使拖延了下结论的时间，也会给人一种很果断的感觉，就不会让员工心里有"可能领导要和部长商量一下吧"，或者"这人没有决断的权力"之类的，从而对领导形象产生幻灭的想法。

其他的回答还有："暂时不需要很快下决定"等，也能在表现果断的情况下，拖后下结论的时间。"需要了解更多的情况再做决定，你能帮我查一下相关的信息吗？"给员工这样的指示，也能展现出自己的决断力。

虽然不可能一切都那么顺利，用一句话说，"反应速度＝大脑运行的速度＝可靠"，很多人都有这么个感觉，所以无论回答是还是否，是要先问问自己的领导，还是得延后下结论，都要养成迅速回答的习惯。

09 曾在员工面前说了泄气话

教训：即使自己内心"一片黑暗"，在员工面前也要保
持"乐观的姿态"。

◆ 不在员工面前说泄气话

领导要是说了泄气话，会让员工感到不安。

"跟着这个人干真的没问题吗？"要是优秀的人更
会觉得"这人不行啊"，然后决定离开团队。

然而，那时的我曾说过"现在没钱，交不出钱来""就
这样的营业额，这样下去公司会撑不住"等话，现在想来，
曾经说出那样的丧气话，也难怪大家都不跟随我了。

如之前提到的，因为资金周转的压力，我变得不能
理性思考，没空去想"怎样说话员工才会听自己的"。

员工看到那时被逆境所动摇、变得不再从容并手忙
脚乱的我，不免觉得很是滑稽，对我这个领导的期望也
幻灭了。

领导这个角色，本来在任何时候，都不能在员工面
前展现出软弱的一面。反而越是在困难时期，越要微笑、

淡定从容地去面对。即使内心十分不安，表面上也要"总会有办法的""未来总会有希望的"，像这样保持乐观的姿态。

曾经的我就因为没有这样强大的精神，才导致最后只剩我一个人。

◆ 领导要在组织中成为最认真的那个人

特斯拉和太空探索技术公司的领导者——埃隆·马斯克，因其总是提出非常认真且看似不可能完成的任务，以及充满矛盾的要求而闻名。

像是提出开发新技术以解决汽车生产中存在的设计与功能之间的权衡取舍问题，甚至是提出在四个月内开新工厂，或是火箭的零部件成本降至传统成本的10%，等等，一系列无理的要求。

但是提出要求的他又比谁都认真。因为相信"可以做到"，所以也要求员工"绝对要完成"。员工感到了他认真的态度，因此也非常拼命、努力地去干，然后就真的实现了。

据说，在特斯拉和太空探索技术公司，只留下了比埃隆·马斯克更懂得相关专业知识，并且会拼命完成任务的人才。

这些人才为企业注入了活力，是带动创新的原动力。

总结来说，也就是，领导要比谁都要认真。否则，手下干活的员工，会工作随便，甚至偷懒。

这点我也深有体会。在公司业绩下滑，变得艰难的时候，当时股东的提议是去派传单。

因为没有其他成本低又见效快的好办法，所以我也接受了这个提案，但是那时，我其实对这种方法打心底里抱着怀疑的态度。

所以尽管我跟员工说："每人给我派发1000张传单""再多去不同的地方派发"，但是说话的时候，并没有投入多大的热情在里面。

于是，第一天十分有干劲的员工，在接下来的日子里，也变得懒懒散散，最后一堆传单屯在仓库里都没派出去。

即使是派传单这样非常小的一件事，员工也会敏感地察觉到领导的认真程度，并据此来行动。

10 曾不注重"外表"

教训： "土味"领导＝不值得信赖的人，帅气领导＝值
得信赖的人。

◆ 政治家和领导的共同点是什么？

政治家要是有出轨等丑闻的话，会被群众批判，不
得已下台。不过政治家本来只要具备政治能力就好了，
本人私下生活怎么样，和老百姓的生活没有什么关系。

然而政治家之所以被网络抨击，是因为民众看到了
政治家的整个人格，这跟公私无关，是因为民众希望政
治家能够是一位清廉、值得人们尊敬的人。

反过来亦如此，假如有一位活跃于海外时装秀的模
特，不仅是她的容貌、姿态，她吃穿以及佩戴的东西，
甚至是生活方式都是别人所憧憬的。也就是她们这些模
特的整个人格，是受人关注的。

领导也一样。领导的那些与工作不相关的东西，也
就是他的"整个人格魅力"，都会被员工看在眼里，并
在私底下给领导各种评判打分。

员工希望领导是一位无论公私，都是能让人尊敬的人，并想要在这样的人手下工作。而影响这些评判标准的因素有着装打扮、平日里的生活方式，甚至平时的谈话交流也会影响评判的结果。

比如穿着一件松松垮垮、皱皱巴巴的衬衫，会给人一种睡相很差，不整洁、土气的领导印象，即使工作再能干也无法让人尊敬起来。

你或许会觉得外表和工作没关系，但这对于当领导来说十分重要。为什么这么说呢，因为特别是对年轻的员工来说，"帅气的人"＝值得信赖的人。

员工希望自己的领导，是一位帅气的存在，是一个可以让自己憧憬、让自己骄傲的人，想让同期进来的其他部门同事说："真羡慕你能在那人的手下干活。"和领导一起去拜访客户时，想要很自信地跟客户介绍："这是我的领导。"

◆ 不要懒得培养自己的"品位"

所以当领导得帅。即使有点肚子也没关系，定制一套适合自己身材、能够塑形的西装，至少得让自己看起来不会太不像样。

配上简洁大方的外套和围巾，无论你长什么样子，这都会让你看起来很帅气。

手表、钱包、包包等小件物品，要选择看起来高级一点的。不是让你一定要买名牌，而是要选择一些有品位、让人眼前一亮的东西。要是还是不懂，也可以请时尚顾问帮你挑选。

私底下也一样，员工可不想自己的领导放假就在家呼呼大睡。就算实际上是这样，也希望领导能有很酷的兴趣爱好，有很多的话题，丰富的经验，不会说自己妻子的坏话，非常重视家庭。

所以，领导在自己的工作领域之外，闲暇时还要时常学习，精进自己的兴趣爱好。领导要意识到自己常被人关注着，要体现出领导是受人尊敬的模范这一点。

是的，要成为一名好领导，又花钱又费力。但是不在这方面花点心思，又不能吸引员工跟随自己。

11 没擦好"最后的屁股"

教训： 员工的功劳，是员工的功劳；员工的失败，是领导的责任。

◆ 要有擦好"最后的屁股"的觉悟

员工犯的错，理当是领导的责任。

当然，领导自己犯的错和失败都得自己承担，虽然说是领导的责任，最后还是会被公司保护起来。平日里被扣除保险，拿着固定的工资，所谓的上班族就是这么个存在。

虽然说承担的责任有限，当领导要有给人擦好"最后的屁股"的觉悟。功劳给员工，责任由领导承担。

这是众所周知的话，虽然可能会有人觉得没必要在此重复，道理谁都懂，但是我想，应该会有不少领导，在真遇到这种情况的时候却做不到。

谁都想将功劳据为己有，这是谁都有的虚荣和欲求，有一些领导，就控制不了自己的这种欲求。这样的人，会推卸属于自己的责任，怪罪于他人，然后明哲保身。

就这样夺走员工的功劳，并将失败的责任推卸到员工身上。这种事在哪个组织、企业都能见到。这是因为，他们没有廉洁和责任感的意识。

当然，我想也有一些领导是故意要让员工承担责任的。

这样做其实对员工有教育意义，但这仅限于只有通过学会承担责任，才能得到成长的情况。

所以要时常叮嘱自己"做领导要清正廉洁"，有这么个意识后，遇到了情况时，能随时想起来，防止做出一些不恰当的言行，以降低让员工离心的风险。

◆ 那要承担责任到什么程度呢？

举一个跟缺乏领导能力相关的、简单易懂的例子。要讲的是因为 STAP 细胞（刺激触发性多能性获得细胞）事件 [1] 而引发社会动摇的那家公司。

那位女性研究者也只不过是一名普通的从业人员，

---

[1] STAP 细胞事件：2014 年 1 月，日本理化学研究所发育与再生医学综合研究中心（理研 CDB）的小保方晴子带领的研究组，宣布成功制作出刺激触发性多能性获得细胞，并在英国《自然》杂志发表论文。同年 2 月，遭同行质疑论文的数据图像存在造假嫌疑。之后经调查，认定其在论文中存在篡改、捏造等不正当行为。

按理，她工作上的责任，应该是由她的领导承担的，最终，是由她公司的高层负责。

可惜的是，她的领导自杀了，我仍然很清楚地记得，她公司最后将所有责任都推到她的身上，她不得已辞职了。

当然，可能也有我们不知道的内情。但是在这件事情上，公司不只没想要保护她，公司高层还选择逃避面对社会的舆论压力。于是她被各种攻击说伪造、霸道、背叛，成了公司的替罪羊，并被公司抛弃。

本来应该由公司的经营管理层承担起责任，保护好员工，结果却变成这样。

◆ 带领公司继续成长，让其生存下去的责任

在之前经营的公司里，我原本是打算把功劳给员工，自己承担责任的。

实际上，在业绩上不来的那段时期，我主动扣除自己的工资，资金不足的时候，还从我的个人资产中抽出资金来填公司的洞。然后在经营恶化的时候，我主动退位为顾问，酬劳也为零。

可是在我告诉员工，只按提成给工资时，员工肯定觉得"董事长没打算保护我们啊"，或许还会有种被抛弃的感觉，认为在公司已经没有他们的立身之处了。

于是最后，公司破产，我连"雇用"——这个开公司最重要的条件都没能守住，也没能够承担起责任。

责任感这点，我不知道其他员工当时是怎么想的，但从没能够带领公司继续成长，生存下去这点来看，我是一位"不合格的领导"。

第 3 章

对 话

12 虽然说的是同样的话，却感到心累

教训： 重要的事情要重复好几遍。要换着事例或故事来
讲，以免让员工听腻。

◆ 日本 7-11 的创始人铃木敏文的重复内容的力量

铃木敏文，原 7-11 会长，带领便利店业界的王者
7-11 从创业到成长起来。据说铃木敏文会在每周召开
的 OFC① 会议上，讲述已经讲了几十年如一的演讲内容。

验证假说、管理单品、友好服务（提供体验感良好
的待客服务）、清洁度等，每周都会变个花样，讲上百
次同样的内容。

现在，他所经营管理的便利店，每日销售量仍然是
日本第一，并与其后的第二名拉开了很大的差距。但是
他并没有因此而骄傲，在他的经营管理理念固定下来之
前，他不断地阐述他的理念。这样的做法，使其能够通
过企业创新，引领整个业界发展。

---

① OFC：Operation Field Counselor：店铺经营指导员。

那反过来我以前又是怎么样做的呢？"别老坐着，给我去一线工作""去开发一些新客户"等，虽然我刚开始的时候有提醒过员工，但是后来觉得老重复同样的话很麻烦。

特别是在一些嘱咐上，经常重复提醒会让我感到很心累，之后就变成了"你能把预算的数字提高就好了"类似这样随便的态度。

但是这样的话，就有种我对员工放任不管的感觉。"只用把营业额拉上去就好，这是把我们当机器人吗？"可能会导致有一些员工这么想。

我还说过"所有人必须得通过考试，拿到宅建士资格证"，但是对于那些怎么都考不过的员工，"给我再加把劲学习"像这样鼓励的话，都渐渐变得懒得跟他们说了。这或许让员工觉得"董事长是觉得拿不拿宅建士资格证"已经无所谓了吧。所以导致那五年，只有一名员工通过了考试。

尤其是对于工作的立场、想法、愿景等，不能想起来就说一下，说个几遍是不够的。你要重复地说，说到让人觉得"又在说这内容"为止。不断反复地说，说到让员工都能够背下来。

那些有在早会上读公司训诫习惯的企业，也是看好了这种"洗脑效果"吧。

◆ 想要表达的核心内容不变，但是可以换个事例来讲

当然，你要是像复读机一样，不断重复同样的内容，也会让人听到厌烦，选择无视。所以你可以像刚才文中提到的铃木先生一样，通过不同的事例或故事来讲解，让人听了不会腻，但是想要表达的核心内容又是一样的。

就比如，一般的公司都会在新年的时候，开会定下公司的经营方针。虽然我听说有的领导会将方针内容拆分开来，用简单易懂的形式，多次反复地讲解给员工听，但是我想这样的领导并不多。

同样的嘱咐说太多了，会引起别人的厌烦，而自己重复那么多遍同样的目标、方针内容也会觉得麻烦。

但是要当领导，无论是 500 次还是 1000 次，同样的话就得一直不停地说。"我就要说好多遍同样的话"，带着这满腔热血，一边微笑一边不断地重复，领导就得有这样的耐心。

然后，为了引导一些价值观不同的员工都能同大家朝着一个方向去奋斗，你就得一边跟他们指明大家应该朝向的发展方向，同时还得经常回头确认员工有没有跟上。

13 没能"稍微搭个话"

教训："我看好你哦！"像这样不经意的一句话，能增强
上下属之间的信赖关系。

◆ 要意识到员工希望得到领导的认同

谁都想要得到别人的认同。不过人与人之间存在着
差别，越年轻的，往往越渴望得到别人的认同。

所以员工常常会去确认领导是否在关注自己，或是
认同自己，以让自己安心。

当然也有一些特别独立的，不把领导当回事儿的员
工。但是要能得到领导的认同，他们也会感到很开心。
如果你觉得"不说他们也懂吧"，然后就真的不去鼓励
他们的话，员工会渐渐地跟你离心。我就在这点上失败了。

在当初房地产中介还是公司的核心业务时，所有员
工都在专心做事业。但是就像我在书的序章部分所讲的
那样，我当时觉得泡沫经济的状态可能不会持续太久，
得趁着资金充足的时候采购一些货，开拓新事业。

我的那份新事业就是销售进口化妆品。在广告宣传

之下，我在东京都内的商场开了一家美容沙龙，用的是这些进口化妆品。

因为有过在便利店工作的经历，会有一些开新店的经验。知道这方面的开店流程，所以那次由我负责各种一线的指挥工作。

开店前后那段时间非常忙，基本上没怎么回公司，即使回去了又很快就出去了。

有一天，我从房地产的客户那听到了这么件事："您公司的员工觉得董事长都光顾着新的事业，不怎么搭理他了，感觉有些寂寞呢。"

他这句话点醒了我，但是当我想去挽回的时候，已经为时已晚。一位刚进公司两个多月的男性员工说想要辞职，而那位客户说的应该就是这名员工。

从他的话中推测，那位员工本来很期待进入公司后，由我来亲自带他入行的。然而我又一直不在，也不怎么跟新员工主动搭话，使得他对自我产生怀疑，觉得自己在公司里可有可无，工作的热情也就凉了大半。

那时候我再怎么劝他，他都不打算回心转意，最后还是辞职了。

◆ 谈话的频率是构建信赖关系的基础

我从以前就不喜欢被人指手画脚地要求做这做那，是会自觉做事，也不希望别人对我干涉过多的类型。

所以我就按照我的性格和工作态度来与员工接触。沟通的机会就变得很少，因此，员工看不到自己的存在价值，让他们觉得这里没有自己的"容身之处"。

领导不能将自己的性格以及工作态度强加于员工，员工一直都希望领导能多关注自己。我现在倒是明白了这点。

不管领导再怎么忙，也要经常给员工一种"我关注着你哦"的感觉。

物理上的谈话频率，是构建信赖关系的基础。所以哪怕是一句话也好："那件事处理得怎么样了？"或者是"挺认真的嘛！""上次那件事，干得不错！接下来我也很看好你哦！"等，要通过实际行动，让员工感受到你的关注。

14 没能听完员工的话

教训： 突然地回绝，会让员工离心。倾听完员工的话后再回绝，员工才会跟随你。

◆ **为什么员工不跟你及时汇报、联系和商量情况呢**

谁都想要别人听自己讲话。即使是年轻人，员工也有员工自己的想法。

但是相信也有领导会中途打断员工说话，然后不问缘由地否定员工。或者也有人会一边工作一边听员工说话，给人一种没有认真在听的感觉。最后还会无视别人，毫无行动。

要是领导没有展现出认真听对方说话的态度，员工就会觉得"反正我说什么都没用"，也变得不愿提建议了。

苦恼于"为什么员工不跟你及时汇报、联系和商量情况"的人，除了喜欢没听完别人的话就打断别人、否定别人外，有的还会立刻泼人冷水。这样的态度会让员工觉得"说多了简直自找麻烦，能不报告还是不报告了"。

特别是那些脑子转得快的领导更可能会这样。在这类领导手下干活的员工也会变得不怎么说话。而我曾经也是这样的领导。

并不是说我"脑子转得快"。因为我想让自己更有理有据一些，所以会有意识地让自己说话的时候比较有逻辑。

但是我却在这方面做得有些过了，不给员工反对或辩解的机会，还会反驳他们，最后以员工变得闷闷不乐收场。

甚至有的时候，即使自己没有道理，但还是会用自己的那套经验来压制员工。

◆ 认为"自己的想法是最棒的"

因为在创立房地产公司之前，我有过些这方面的工作经验。所以恐怕在那时我的心里会有"我的做法是最好的""员工的提议都太嫩了"之类的偏见。

所以，虽然我不会像这样说："之前我也这样做过，但是没什么效果""这样做的话应该只会得到客户'这样啊，嗯'等平淡的回应，然后无视你"，不由分说地驳回员工的提议，但是我最后都是会否定他们的，以致有些员工会觉得"我说什么老板都会否定"。

即使员工说的话有些简单、稚嫩，甚至没什么逻辑，一看就是会"被驳回的提议"，也要把员工的话听到最后。

上面也提到过，一些脑子转得快、经验比较丰富的领导大概听了员工开头的话，就知道他们后面要说些什么了，所以往往还没听完就打断对方的说话："话虽这么说……""不，这个……"

于是员工就会有种"被瞧不起"、伤了自尊心的感觉。不要这么做，而是要表现出你在"倾听"的姿态。

放下手头的工作，面对员工，一边用温柔的眼神看着他们，一边点头回应"嗯，原来如此"。如果对方说的有些难以理解，可以补充问道："也就是这么个意思是吗？"并在员工说话的时候做好笔记。

这样的话，员工就会觉得"领导有在认真听我说话"而感到满足。这种"有在认真听我说话"的真实感受，是提升员工对领导的信赖程度，判断领导是否值得跟随的一项重要指标。

要否定员工的意见或提案的时候，不要不问缘由地就否定，而是要先表现出你对员工的尊重。

比如可以说"原来如此，你的提议有做参考的地方，不过……"，用这种"挺好的，但是"句型来处理。

或是跟员工好好地说明理由，然后说"要是这个地方再多一些的话会不会好些呢"？以此来巧妙地引导员工改变做法。

可千万不能表现出"提案很无聊"的样子。

要是试着去认真听，有时候还能参考到一些正确的意见，或是一些一针见血的指责。

◆ 领导营造了让员工"说不出口"的氛围

有时候领导可能会有如下的一些想法："你要是早点说就好了""为什么不把自己意见表达清楚呢""不懂说'不懂'就好了"……

这是因为领导营造了让员工"说不出口"的氛围。员工不跟领导说，是因为员工通过平时观察到的领导的言行和态度，觉得即使跟领导说了也没用才这么做的。

比如，即使是一点小错，领导都会发大火，还会反复地说一些令人讨厌的话，见到领导这样的态度其他员工也自然会退缩不前，不敢提建议了。

　　还有一种就是每当员工想跟领导搭话，即使刚开口说"那个……"，领导就会说："现在很忙，待会吧"，让人很难搭上话。

　　如果平时皱着眉头，显得一副很不爽的样子，会让员工觉得"领导好像心情不太好，还是别打扰他好了"。

　　即使员工提出建议，领导也会用"虽然是这么说"，然后总是否定员工的建议，就会让员工觉得"说了也没用"。如果领导只关注个别员工的建议，那么其他员工会觉得自己提的意见没有价值，也就变得不愿意提建议了。

　　即使提建议了，然后领导要是说"那你来干"，让提建议的人自己承担后果和责任，也会让员工觉得"我还是闭嘴比较好"。

　　当员工想请教领导一些事情的时候，如果领导说"你连这都不懂吗"，就会让员工也变得不愿请教领导了。

　　很难跟领导搭话，不会提建议，不愿请教领导，而这一切都是由领导导致的。

　　因为工作能力强的人会有自信，并会坚持贯彻自己的想法。所以这类人往往对于与他们不同类型的人的情绪变化比较迟钝，也就是同理心比较差。

特别是现在的年轻人，要是领导和自己产生不了共鸣，就绝对不会跟领导敞开心扉。而在能和自己打成一片的领导面前，可能还会表达自己的想法。只有能和员工打成一片的领导，才能得到员工的尊敬和信任。

◆ 要是员工报告坏消息，先想办法解决，之后再批评

员工在报告一些坏消息时，就跟平时知道领导很忙的时候一样，会对领导的言行更为敏感。

当听到不好的消息时，领导一般会很想骂："你在搞什么啊"，但是这只会让员工变得退缩。所以这时候应该说："谢谢你能尽早告诉我！""知道了，总之我们先想一下解决的办法吧！"作为领导要优先处理问题，之后再对员工进行批评教育。

当自己在忙的时候就说："现在有些忙，过 10 分钟后我再找你，你看行吗？"要跟员工明确表示自己一定会"抽时间"。

当遇到紧急情况时就说："等一下要开会，咱们边

去会议室边路上说吧。"

然后仔细地询问："怎么样？""没问题吧？""有没有不懂的地方？"要营造出好说话的氛围。

要从平时就有意识地培养这样的交流方式，让员工觉得"是可以和这人商量事情的""即使不懂也可以跟他说""他会接受自己说出的建议"。

15 变得不说"谢谢"了

教训： 今天你看到别人对你笑了几次？你对员工说"谢谢"的次数得是这十倍以上。

◆ 领导说的"谢谢"是最有效的语言

领导说"谢谢"，表示他"有在关注你"。这是最有效的语言之一。

比如员工给客人倒茶的这一行为，通常不仅是给客人，也会给自己的领导倒茶。有的领导会在这时什么话都不说。

确实，有些人会觉得没必要在自己公司的员工给自己倒茶时，在客人面前跟员工说"谢谢"，或是对员工做的事情都一一回应。

但是请抛开这样的想法，即使是一件小事，也要说一声"谢谢"（客户里会有根据领导的态度悄悄打分的人）。

如果领导这时候什么都不说，那么有些员工会不安地胡思乱想——"领导是不喜欢自己吗""领导是对我生气吗""我是做了什么惹他不高兴了吗"等。

所以如果领导不说"谢谢"或是"辛苦了"等回应一下的话，员工会认为"自己被领导讨厌了"。

就跟男女关系或是朋友关系一样，如果你发了短信，但是对方有段时间没有回复，你会不安地猜测"咦？我是被讨厌了吗？我说了什么不该说的话了吗"？

在社交网络上，"已读不回"成了热门话题，这是因为对于许多人来说，这种行为与被别人无视一样，对他们造成了很大的压力。

处身于社交网络时代的一代人，非常在意别人及领导对自己的看法。因此他们会比领导想象的更在意领导的每次举手投足。

处在恋爱关系的两个人，双方可以跟对方确认"你喜欢我吗"，但是上下属之间却不能这样直接询问对方。所以员工会感到不安。

而员工为了去除内心的不安，会给自己的内心制造屏障。因为这样做可以让自己对领导的反应感到麻木。

也就是说，如果一个领导感到员工对自己不太关心，这可能是因为，领导持续地做出了让员工不安的言行举止。所以就跟恋人之间需要互相表达爱意一样，领导要跟员工说"谢谢"。

◆ 不能让职场氛围变成做什么工作都是理所当然的

一些业务成了工作中的日常事务后，会让人觉得"做这些工作是理所当然的"，领导也容易渐渐地不说"谢谢"。

然而这样重复、单调的工作，反而更需要跟员工道谢。这样的行为，往往能拯救员工的心灵。

以我目前观察到的经验，领导说"谢谢"等感谢的话语越少的公司，其内部的氛围往往越压抑。

特别是女员工比较多的公司，要是领导带头说"谢谢""辛苦了""帮大忙了""你的话肯定没问题"等感谢、鼓励的话语，公司里的氛围会变得更融洽。

而如果领导无意识地认为："这些工作本来就该员工干的"，就容易渐渐地懒得在平日里跟员工道谢，或是说一些慰劳的话，反而会斥责员工说"为什么你连这样的事情都干不好"等。

但是，"为什么没做或做了某事""为什么做不好某事"是领导的禁语。为什么呢？因为这会让员工"回答不了"。

员工不是因为特别的事情或有意"做或没做"。即使去问他们原因，也不过是单纯没注意到，没顾虑到问题，也就是没有理由。基本上都是这么个情况，也没办法回答。所以员工只能沉默，或者说"对不起"道歉。

不仅如此，这样质问，还会让员工感到不满，觉得"我也是很努力地在干活的，居然说出那么无情的话"！

所以这种情况下，领导应该说"辛苦了！但是，这里有点错误，麻烦改一下哦""帮大忙了，谢谢呀！但是之前也犯过同样的错误了，下次得注意了啊"等。说话的时候，加上一些慰劳的话语，会让员工觉得"啊，真的是这样的。有弄错的地方，得注意了"，然后会心悦诚服地接受批评。

现在试着反过来问问你自己，每天跟周围的人表达多少次感谢？

那些自我评价认为"我本来是打算说谢谢"的人，往往并没有好好地跟别人表达感谢。

那么试着来算算"今天周围的人朝自己笑了几次"吧。由此可测出，你感谢的话语是否很好地传达到你的工作团队里。而跟员工说"谢谢"的次数，要在这十倍之上。

16 曾和员工的"心理距离"拉远了

教训: 通过真心话与员工坦诚相见，关键时刻团结一致
向前进。

◆ 一风堂董事长河原成美的沟通术

经营拉面连锁店一风堂的河原成美董事长，是我非常尊敬的一位经营者。原本是我太太在工作中认识的，在这样的机缘之下，虽然只有那么一小下，我有幸能近距离见识到他工作的样子。

虽然他在给指示的时候会很严肃，但偶尔会笑着逗弄员工，炒热气氛。

即使职业层级差距很大，但是他也会友好地问候基层员工，交流的时候没有距离感，让人觉得很亲切。

既不会总是有上下属关系的紧张感，也不会总是和员工相处成朋友。工作的时候虽然会很严格，但是在休息或是不工作的时候，又好像突然间变得很爽朗，他不会总是很严肃，也不会总是很随便。

或许是这样做起的效果吧。我想应该有人吃过一风

堂的拉面，他家拉面的味道自不必说，店内接待客人的服务质量，可是比街上其他的餐饮店要好上许多。想必一风堂在待客方面，会特别注意让各地连锁店都提供同样高质量的服务。

我曾和他的秘书交流过，了解到公司的员工都非常尊敬、支持河原董事长。之后在 2017 年，一风堂终于上市成功。

据我所知，一般在处于上升期或是发展势头好的企业里，董事长普遍都是"体贴达人"。

就像一些情商极高的公关一样，能在让员工开心的同时，又不会让自己显得谄媚与廉价。

实际上，你要是去过高级俱乐部就知道了。一些夜场陪酒者往往能够"看破不说破"。业绩高的人在和客人聊天的时候，会自然给人一种讲话特别真诚的印象。或许是因为他们知道说廉价的谄媚话很容易就会露馅吧。

他们会微笑搭话，客人说什么都会适时地附和，并且说话时眼睛会看着对方，表现出自己也有同感的样子，或是偶尔反应很大，给出客人们期待的反应，由此，就会一直有人来追随他们。

而领导要是能在平日里像这样子沟通，构筑起上下属关系，在关键时刻，大家就会团结一致向前进。这就像领导坐在神轿[①]里，由员工一同抬起，大家"一二、一二"的一边吆喝一边前进一般。即使神轿再重，抬得再苦再累，所有人都是在满面笑容、情绪高昂的状态下齐心出力。

◆ 从细节行动中能反映出员工与领导的关系

而与员工产生心理隔阂的领导，在关键时刻，员工容易丢弃"神轿"自己逃走。或是偷懒，假装抬轿但却没怎么出力，也就是所谓的阳奉阴违。

我就曾遭遇过这样的事情。搬办公室的时候，从事房地产这一行的，要搬办公室的话是不能落下东西的，这点大家应该都知道，但是在我之后去确认的时候，还有东西留在原来的办公地。地板上有垃圾都不收拾，客户的名片也到处乱丢。

---

① 神轿：又称神舆，在日本进行祭祀神明等活动时使用，是里面安放有神牌位的轿子。

虽然是些小事，但正是从这些细节中，可以看出你的员工是否在认真地"抬神轿"，能反映出员工与领导的关系如何。

领导这个"神轿"，没有人抬就无法前行。所以，这就需要领导成为"体贴达人"去激励员工抬轿前行。

17 曾借"酒力"来逃避问题

教训： 靠酒局缓解压力的方式已经过时了，去构建即使没有酒也能进行深度交流的关系吧。

◆ 靠"酒力"，是没办法在员工对工作感到不满时，给予及时地关怀的

如果员工发出了像是有什么不满的信号时，有些领导会立刻约员工"去喝一杯"。

确实，如果是一些私人话题，正经地谈话会让人胆怯，员工也会想借酒壮胆。

但是从根本上来讲，喝酒聚会，也不过是为了让彼此关系更亲近一些而已。

要是想谈工作方面的事情，不借酒力去进行深度交流，相信关系会更加健全。

有了这样的关系，员工也会与你坦诚相见。而且有一些员工是不能喝酒的，所以也没办法借喝酒的机会跟这类员工谈心。

"带员工去喝酒减压的怀柔策略"，若是在二十世

纪七八十年代的时候，或许还管用。但是仅限于在过去那个"付出就有回报"的时代。因为在那个时代，大家都知道，只要熬过去总会有好事到来的。

但是在这个无法预测的现代，即使短期内能敷衍过去，但仅靠喝酒谈心，是无法持续注意到员工在工作中的不满的。

◆ 难得邀请员工喝酒，为什么他会拒绝我

最近，即使由领导邀请喝酒，越来越多的年轻人都会拒绝掉。为此，领导想请员工喝酒也变得犹豫起来了。

员工之所以拒绝掉领导的邀请，说直白点，就是和领导喝酒不开心。

给出"好的，一定"这样积极反应的人，估计也就是那些已婚或是有小孩，所以零花钱少的员工。只会偷乐着"走运啊！省了喝酒的钱"，然后喝酒时，表面上像是在听领导说话，但实际上却左耳进右耳出。

而现在的年轻人，大都忠实于自己的本能，高兴就去，不高兴就不去。

要说为什么他们觉得不高兴，这是因为他们的领导

在喝酒时，要么开始说教，要么埋怨公司或是自己的直属上司，要么就是开始说自己过去的英雄史，来来回回重复同样的话题。

事实上，只要员工没开口问，领导就不能说自己的事。对于员工来说，领导听自己说话与否，是"是否理解自己"的指标。这可以让员工释放压力，并转变为第二天的活力。

所以说，领导邀请去喝酒，原则上得"慰劳"员工。做好员工的听众，并表现出有同感，带动气氛，让员工开心起来。

还有一点就是，当自己的酒杯空了之后，别等着别人给你倒酒。更不能就这点对员工进行说教，或强制对方倒酒。在现在的年轻人中，有些人是没接受过这方面的教育的。所以既不会注意到领导的杯子空了，也不会有意识地去倒酒。

要是无论如何都很在意的话，你可以跟员工说明"跟其他领导吃饭的时候，给领导倒酒，是非常简单好用的应酬技巧""不过我习惯自己来倒酒，所以没关系"，然后自然地把话带过去。

◆ 挑选员工去不起的餐厅

就餐地并不是什么特别稀罕的地方，可能也是被员工拒绝邀约的原因之一。

像是价格便宜的居酒屋，这类大家一般经常去的，或者是一些已经去过、吃过的店，要去的话一点兴奋感都没有。用现在流行的话来说，不是值得"打卡"的网红地。

反之，去那些以员工的经济能力去不起的餐厅，或是挑选一些好像没去过的店，员工或许会兴奋地表示："我第一次来这样的店！""这是什么地方？好厉害！"然后拍照并上传到脸书[1]或是照片墙[2]上。

但要是总是去这类地方，之后就难以提高员工的期待值了，所以这类地方偶尔去一下即可。

---

[1] 脸书：英文名叫 Facebook，美国社交网站，创立于 2004 年，创始人兼首席执行官为马克·扎克伯格。

[2] 照片墙：英文名叫 Instagram，美国脸书公司旗下的一款应用软件，提供图片及视频分享服务。

第 4 章

干 劲

18 没能理解员工的价值观

教训： 以上下属之间存在差异为前提，调动员工的工作
干劲。

◆ 调动员工的工作干劲是领导的职责

谁都想要有"有冲劲的员工"。不过这种事，还是
想想就好。

和现在的中老年人的那个年代不同，现在这个时代，
领导得去调动员工的干劲。

所以说一些像是"你再努努力啊""你想不想干
了""你怎么那么没干劲呢"等这类哀叹的话是没有意
义的。"员工之所以没有干劲，是因为领导有所怠慢。"

需要认识到的是，加油、成长、忍耐、努力等这类
价值观和动机，对于现在的年轻人来说都已是过去式。
他们的想法和过去完全不一样。

当然不是所有人都这样，不同的人有不同的想法，
也有些与现在大部分年轻人的想法完全不一样的人。这
里说的也不过是一种趋势。所以领导需要理解，并主动

去靠近员工。

如果不能像这样转换意识，领导就会一直"理解不了员工"，可能会有员工接连不断地辞职。到时候就不仅仅是干了三年就辞职，有的员工甚至会干一年就辞职。

让许多领导觉得最头大的员工，恐怕是被称为"平成宽松世代 ①"，现在 25 岁左右的年轻人了。

但是既然已经录用了他们，之后就得将他们培养成为公司的战斗力。为此就要去靠近并了解他们的价值观和行动。

◆ 要理解与员工之间的"年代鸿沟"

我想本书的读者里，应该有不少人不太能理解年轻人的价值观和行动。那么，在此就顺带给大家介绍一下他们比较典型的价值观和行为吧。

· 为什么他们只有说了才会行动

有不少领导会感叹员工"说了才做"。这是因为学

---

① 宽松世代：指日本接受"宽松教育"的一代人。大致指 2003 年及以后上高中，即 1987 年 4 月 2 日及以后出生的人。因其接受较为宽松的教育，有相当一部分的日本人认为这一代人没有过去一代人那么认真、拼搏。

生时期的他们，从学习范围、解题方法，甚至到学习方法，一切内容都是由学校和补习机构传授的。

学习的范围是固定的，老师也会告诉他们考试出题的范围。不用怎么思考都会给准备好，所以他们没有自己去思考然后行动的习惯。

到现在为止都是自己不用伸手主动去要，大人们都会把东西准备好，并递上来，所以他们基本上就等着别人帮他们做好一切，很少有自己主动去做些什么、说些什么的经验。所以他们不会想到要多观察、学习领导，或是自己主动去请教领导什么的，只会觉得"不教就算了"。

所以当领导就要舍弃掉"员工要是不懂，明明问我就好了"的想法，要自己主动去靠近员工。然后换个角度去看待员工的"只有说了才会动"的行为，想着"好歹说了会去做"就会发现员工的这个优点。

另外，他们只和自己合得来的人交往，缺乏未雨绸缪，或是预测对方的需求，然后提前采取行动的意识。因为即使他们不做这些事情，也会有人给弄好。

所以"这种程度的事，不说他也知道该怎么做吧"

的想法是行不通的。如果惊讶于员工的这种态度，并为之感到愤怒，觉得"这种程度的事情，还要我一一说明吗"？那么，这只会给自己堆积压力。

他们只是没有这方面的经验和习惯而已，所以即使有些麻烦，领导也要细心地跟员工说明该怎么做。

等到员工熟练了之后，就跟员工说："这工作你没问题了。之后看能不能再提高一些效率，自己可以在这方面下点功夫。"然后阶段性地分配任务给员工，就能培养起他们自主思考的习惯。

· 只要努力，之后收入就能增加，要不再坚持一下

日本泡沫经济①时期的一代人会注重提高收入，冰河期②的一代人往往会优先考虑工作的稳定性。

但是现在的年轻人，对公司和工作的看法却相当冷淡，不会舍己奉公地为公司付出。他们认为"无聊了就辞职""遇到一些不讲理的领导，就没必要在这样的职

---

① 日本泡沫经济：二十世纪八十年代后期到二十世纪九十年代初期在日本出现的经济现象。这一时期日本的资产价格上涨、经济繁荣，在日本国内掀起了一股投资热潮。

② 冰河期：一般指 2000 年前后日本社会处于就业困难的时期。

场里忍耐下去"。

他们知道收入不会提高很多，想要的东西基本上自己也有，所以他们也没有那么想要去挣很多钱。又因为看到领导平日里非常累的样子，所以对升职加薪也没那么感兴趣。

因此，只有工资和福利厚生①等待遇是不能维持他们的工作动力的。说些"加油"的话来激励他们的方法也行不通。

但这些年轻人骨子里又是很认真的，所以一旦他们理解或是找到了工作的价值，就会去拼命似的工作。

"别问那么多，照着做就对了""之前提到的那个工作给我好好干""你做着做着就明白了"等话只会招来员工的不满。所以即使很麻烦，领导都要耐心地跟员工说明每份工作的意义和原因，要解释到他们理解为止。

因此，领导要像这样努力去说明，让员工理解工作的意义、重要性、有意思的地方在哪里。

------

① 福利厚生：日本企业在工资之外，提供给员工的生活支援系统。福利厚生并不是直接地给予金钱，而是提供各种服务。

・努力了也没有回报吗

现在这个时代，公立学校倾向于回避竞争。参加社团活动的人也越来越少。所以年轻人在努力克服困难，"付出总会有回报"等方面的成功经验非常少。

这一代年轻人从懂事起，就遭遇经济不景气的时期，看到大人们辛苦工作也得不到回报，因此就把这当成是常识。

另一方面，网络上大肆宣传结果，却不怎么看好过程，这令年轻人不知道结果的背后是艰辛而扎实的努力，也就是，他们基本上没看到过努力是可以得到回报的事例。而且，他们所说的"回报"，是指成功还是失败、是 100 还是 0 这样的两个极端。

他们也就考试的时候努力过，考试只有对与错、合格还是不合格这样的二元论，这也酿成了年轻人有这样的价值观。

但是在现实社会里，即使努力了没有得到 100% 的回报，但还是会有 60% 或 70% 的回报。

举个跟他们共通的例子，如果刚开始的目标是考上二流大学，也就可能只能考到三流大学。再比如，朝着考上东京大学的目标努力学习，即使考不上东大，也可能可以考上一桥大学、东京工业大学这样的学校。

走出一步，更靠近目标一些本身就是回报。觉得努力了也没有回报，就在刚开始选择放弃，什么都不做的话，连这靠近目标的一步都实现不了，完全无法改变自己。

而一些人，在工作上之所以现在比之前要做得好，效率提高了一些，都是由于平日里的努力带来的成长，也就是，实现了自我升级，这会让人工作充实。这样不断地自我升级，可以造就富有成就感的职业人生。对于这点，领导应当尽可能地不用说教的口吻来劝导员工。

◆ 年轻人的价值观带有时代的痕迹

可能有人会对这里介绍的年轻人的价值观和行动感到"无法理解"和"不可思议"，但需要意识到，这是时代差异所导致的，领导应当以此为前提，与年轻的员工接触。

时代背景会给人的价值观和常识造成很大的影响。

现在年轻一代的价值观和意识，是这个时代的产物。所以，即使自己按照自己当员工时的那套方法来接触现在的年轻员工，因为时代不同了，也不怎么管用。

同样，去否定或是感慨与员工之间的感受和价值观的不同，也是没有意义的。

◆ 不同年代间的摩擦是负面的

公司的目的就是要增加利益，不同年代间的摩擦不仅没有意义，还会带来负面影响。

当然这不是说领导不对，只是有些领导，并不会试图去理解上下属之间存在的这些差异，固执地坚持自己的想法，从而产生无用的焦躁感和冲突，这只会导致辞职的人增多。

所以领导不应一味地斥责和谩骂员工，觉得他们"不知所谓"并放弃他们，而是要认识到，现在是"自己应该主动去靠近员工的时代"。

当然，如果是公司说明会，或是招聘面试的内容上出现问题，就要和人事部进行沟通。但一旦录用了人（被分配到你的部门）后，培养员工就是领导的责任。要以此为前提，培养他们成为团队的战斗力。

19 弄错了表扬的方式

教训: 如果领导能就过程进行具体表扬,员工会变得更
想要成长。

◆ **表扬的目的是要激发员工的成就感,促进员工成长**

不仅在小孩教育上要懂得表扬小孩,在培养员工的
时候,也要懂得表扬员工。因为人都是要表扬才能成长
起来的。

话虽这么说,但是曾经的我为了与员工处好关系,
把表扬弄得像是要讨好对方一样。

我这么做其实是有私心的。内心是想通过捧对方,
让其向着我、喜欢我,从而使员工能够按照我的想法去
行动。所以如果对方不能给出我想要的反应,我就会不
满地想——"搞什么呀,我都夸你了!"

但是表扬对方的目的,其实是为了增加对方的自信,
刺激他们的成就感,使其能够进一步得到成长。

如果表扬的内容与员工本人的成长没有关系,则会
让员工敏感地察觉出"领导就只会嘴上这么说"或是"在

说客套话"。

而说表扬话的一方则会认为："难得我表扬了你，什么反应呀？真不可爱！吃力不讨好！"结果可想而知——适得其反而已！

◆ 不仅要表扬结果，还要表扬员工的工作过程、努力和勇于接受挑战的精神

为了帮助员工成长，要具体地表扬到他们的工作过程。不是不表扬结果，而是要表扬带来结果的态度和努力。

好比当销售部门的员工创造了一年一亿日元的营业额时，与其表扬"你能创造一亿日元的销售额真是太厉害了"，不如表扬员工为了创造一亿日元的销售额，所定下的策略和执行力，这样效果会更好。

如果只表扬结果，只追求数字，那么员工可能以后只要达到目标额就会变松懈。但是如果表扬的是努力的质量，员工会想"下次也得同样这么努力"。效果持续的可能性会变得更大。

做其他工作也一样，如果只评价结果，就会让员工恐惧于失败和错误，而不会去接受新的挑战。

但是即使失败了，领导却对员工在"勇敢面对新的挑战"这方面进行表扬，之后即使有风险，员工也会勇于面对挑战。

从表扬的话中，员工可以感觉到领导赞赏什么、期待什么。要想帮助员工成长，就要从可以支持成长的行动、办法、努力、态度等方面进行表扬。

如果是不擅长夸人的领导，那么就试着对员工的行动和努力进行表扬，这么做并不难吧？员工要听到这样的评价，会觉得领导在认真地表扬自己。

◆ 表扬是展现自己关心对方的行为

表扬还有一个目的，即展现出自己"认可对方"的态度，从而构建与员工之间的信赖关系。

知道领导把自己的努力看在眼里，会给员工带来很大的安全感。就像俗话说的"爱的反义词为不关心"，被人无视是最痛苦的事情。

感到"夸人难"的人，或许是弄错了表扬的目的。就像我之前一样，表扬员工其实是出于私心，想通过讨好员工处理好上下属关系，从而让他们对我好，最终使他们能够按我的想法去行动。就像之前提到过的那样，我是为了我自己，并不是为了员工的成长。

虽然是这么说，但是有的领导可能会遇到一些情况，如总是很烦躁，没有表扬的心情，或者老是很害羞，或者员工总是让人很火大，以至于找不到表扬的点，或者员工实在无能，以至于领导找不到值得表扬的地方。

这时候先不用勉强自己表扬员工，不过，也不是让你保持沉默，你可以跟员工表达你的"同理心""感谢"和"慰劳"的话语。比如"谢谢，帮大忙了""谢谢""下次还要拜托你""我看好你哦"等，只是这么简短、多次的问候就已经很有效果了。

◆ 在员工不在的时候表扬员工

在自己的领导面前表扬员工是件很重要的事，而这是只有领导才能做到的。这样你的领导会知道你有在培养员工方面下功夫，从而让你在管理能力上受到自己领导的赞赏。

反过来，要是你在自己的领导的面前说："那家伙不行""我说的话不听"等对员工不满、批判的话，会被领导认为你是培育不了员工的无能领导。

还有在其他场合下，如果你的领导跟你的员工说"他有表扬你哦"，从第三方那里听到这样的话，对于员工来说是非常高兴的事。

不仅要直接表扬本人，还要在本人不在场的时候表扬，然后兜兜转转进到本人的耳朵里，这对提高员工的工作干劲有非常好的效果。

但是，对那些自己说"我是别人表扬我才成长的类型"的人就要注意了。

这类人往往是事先设好防线，"请不要骂我，不要对我说严厉的话"，然后限制住自己，没有上进心，不敢面对自己的弱点和问题。

对于这类人，领导可以循序渐进地给他们难题，"这里弄得挺好的""这里的话还差点火候""把这部分作为下次要解决的问题吧"……像这样，表扬这类员工攻克难关的表现，一边表扬一边提醒要注意的地方，然后下次如果他们在注意的地方上有所进步，就要予以肯定。

20 曾在会议上一味地斥责员工

教训： 始于"慰劳"，减少"斥责"，止于"鼓舞"。

◆ 只有斥责的会议，只会削减员工的干劲

公司里有各种各样的会议，但要论"致郁"的会议，恐怕连单调催眠的会议，都不及充斥着斥责声的会议"致郁"。

很多公司都会在每周一开会，内容一般都是回顾和反省上周的工作，并分享这周的行动计划。我以前的公司也一样。

当时的我并没有想到，开会的内容会影响到员工的工作干劲。尤其是在公司业绩恶化的时候，斥责声更是充斥了整个会议室。

从斥责开始到以斥责结束的会议上，除领导以外的所有人都只低着头，即使会议结束了，员工依然带着抑郁、沉重的心情，这换谁都没办法带着干劲去工作吧。

稍微离一下话题，为什么人看电影会感动？那是因为大多数的电影最终都是好结局。过程中虽然会遭遇各

种逆境，会让人感到消沉、悲伤，但最后的结局，就比如主人公成功了，或是打倒了强敌，与喜欢的人终成眷属，等等，都是愉快的，带有梦想和希望。

但是如果电影的结局是反过来的，又会怎么样呢？以失败告终，以投降结束，以离别收尾，这样子多少会让人心里有些疙瘩吧。虽然有些恋爱、冒险类的电影也会有这样的故事，但是大多都是象征着新的旅途即将开始，是正面意义的离别。

开会也一样，主持会议的领导需要有意识地在会上调动参会者的工作干劲和希望。

所以即使有些事想要训斥员工，我反省到，领导可以以慰劳的话语先起个头，比如"上周辛苦你了"，然后接上批评的话说："但是还没达到预算，情况调查得还不够充分"，使得话中带有一些紧张感。随后说："你们的话肯定能办到的。需要的时候可以找我商量，我会支持你们的，加油！"像这样，以鼓舞的话语收尾，那么整个会议流程才是一场成功的会议。

◆ 领导在会议中应采取的态度

这不仅限于会议，领导在平时也要有这样的态度。

· 别上来就不问缘由地斥责别人，首先要好好听对方的理由

突然被骂，谁都会火大。即使员工迟到或是工作上出错，领导都要先询问对方缘由："为什么会这样呢，你能先跟我说说理由吗？"

不分青红皂白地教训员工，容易让员工变得退缩。领导也不总是对的，好好听员工解释，也可以避免自己误会或弄错。

· 不要太感性，而是要理性地去沟通

人如镜子，如果自己变得过于感性，那么对方也会如此。一旦双方都变得感情用事，则事后不仅弄得两人都不愉快，还会拖滞工作进度。如果大声斥责员工，对其进行人格否定，还可能被人说成是职场霸凌。

比如，对于经常迟到的员工，"别人都是准时到的，你不会觉得这样对那些人不公平吗？你觉得你这样子迟

到符合组织秩序吗""要是别的员工说'那家伙老爱平时迟到，还能拿和我们一样的工资'，你让我怎么回答他们"等，要像这样冷静又有理有据地指出员工的问题。

· **比起斥责，重点应放在处理问题的对策上**

要是犯错了，员工会认识到自己的错误，并进行自我反省。

但即使如此，如果领导还继续追责道："为什么连这种事都干不好？""我不是说了吗？怎么还犯同样的错误？"……这样反而会让员工产生逆反心理，并出于保护自己的本能说谎。

所以这时候，要像这样说："你打算接下来怎么办呢""我想听听你能做到的最佳应对方法是什么""如果你把这份任务交给晚辈的话，你会怎么指导呢"，等等，试着去引导员工说出相应的解决对策。

· **尊重员工的意见**

员工变得不愿说出自己意见的一个重要原因，是他觉得"说了也没用"。人只会对"接受自己的人"敞开心扉，这跟性别、年龄没有关系。

所以就像我之前反复说的那样，领导要"将员工的话听到最后""不能不问缘由地否定对方""要感谢员工向自己提意见""即使不能全盘接受，但也要努力做到听取员工的部分建议"。

· 不要抛弃员工

"算了……"如果你像这样放弃员工的话，会重重地伤害到员工的心灵，并让他从心底对你产生隔阂。对于员工来说，没有什么事情比领导放弃自己更让人痛苦的了。

因此，无论员工犯了怎样的错误，也要像这样说："下次补救就好了""这次就当好好吸取教训了""这件事就先这样了，因为这个工作很重要，下次拜托你要小心了哦"等，像父母般表现出"我没有放弃你"的态度。

当然，说起来简单，做起来难。也正因如此，就更需要领导平日里有意识地去做好这方面。

21 曾以为"有钱能使鬼推磨"

教训： 要让人行动起来，需要具备"兴奋感""成就感"
　　　和"荣誉感"。

◆ 通过"揠苗助长"的方式成长起来的，只有一部分人而已

　　我是不怎么需要请教别人，靠自己钻研工作，从而做出成果的人。工作中，我会在刚开始先设好目标，然后思考如何才能达成目标，之后再采取行动。

　　如果打算做出成果，那么肯定要完善工作过程。从中，员工本人也应该会得到成长。所以我想着，不管个人采取怎样的方式，员工只要能够做出成果就行。然而这样的想法却让我走向了极端的成果主义。

　　在某种意义上，这样的想法很傲慢，并不是真的想让员工得到成长，而是想通过工作，强行让员工成长起来。

　　既然只要有成果就行，那么中途发生什么都没关系，于是，领导往往就会放任员工不管。虽然确实有通过这种方式成长起来的人才，但也只是一小部分而已。而实

际上，我也曾对员工置之不管。

而且这样的话，就只能得出"达标很棒""没达标不行"的评价，员工是不会知道要在哪些地方改变才能有成果的。

◆ 我本应该表扬员工的"努力"

要培养员工，只看结果是不够的。只有看员工的工作过程，才能更具体地知道他哪里需要改进，哪里还能再成长一些。

所以领导不仅要看结果，还要留意员工的工作进度，教导员工时，要注意用不同的角度看待问题，以及提醒员工一些工作过程中，可能出现的会妨碍到出成果的问题。

员工要是能注意到这些问题，并自行去改正，既能让其检验出工作结果，又能在即使改变业务类型的情况下，也能灵活应对问题。

为此，不能就看合同数和营业额，而应该更看重员工在工作过程中，成长了多少。

仅通过数字来衡量员工是不行的，还要看到整个工作过程中员工个人"是否有付出努力"。

比如"一年前到现在员工成长了多少"等，领导要看到员工的成长，或是要看到员工积极努力克服困难、勇敢迎接未知挑战、刻苦钻研、坚持不懈等反映员工努力的工作态度。

但是我之前就没有做到，在每周的营业会议上，会问："那个客户怎样了""银行那边有什么答复""什么时候能知道结果"，等等，看似在关注工作进程，但实际上就只是在确认工作结果而已。

而员工应该如何跟客户沟通、怎么写提交给银行的事业计划书等，这些能带来成果的相关基础工作，我基本上都没有将方法教给员工。之后也越来越放任员工不管，与员工进行沟通、了解工作详情的时间也减少了。

我现在反省过来，领导应该指导员工改进工作方式，磨炼其办公能力，从而引导员工做出成果。能带出实际成果的这份努力，才是领导应该要看到的地方，而不是应该采用成果主义。

◆ 人在长时间的工作中，需要有相应的情感报酬

常说"没钱没动力"。我对这点感触颇深。

比如单次工作，只要有钱或许就有人干。但是过了好几年，一直持续这么工作，因为自己的人生一部分都献给了这份工作，仅仅是金钱上的报酬最终会让人无法满足，使人在工作上无法持续保持动力。

为此，在给予金钱上的报酬之余，还需要给予感情上的报酬，也就是"兴奋感""成就感"和"荣誉感"。

所谓"兴奋感"，是指要让员工觉得"跟着这个人在这个公司继续干下去挺好的"。其中一个方法，就是当领导的要不断跟员工谈梦想，具体内容将在之后的文章中进行讲解。

所谓"成就感"是指完成工作后收到客户的感谢、公司的认可，自己从中得到成长的一个真实体验。领导需要让员工有这样的实际感受。

如果只有金钱上的报酬，在那里工作的员工就如同劳动装置一般。一旦找到报酬更高的工作，很可能就会跳槽。

但如果能让员工确信"自己在这个公司工作能得到成长"，在公司里受到认可，"找到属于自己的地方"而感到安心，这些都能成为让员工坚持"长久工作"的附加动力，从而培养了员工爱公司的精神。

◆ 如果偏向金钱报酬会怎么样

我也曾在这点上失败过，曾经过于偏重金钱报酬。在基本工资之外，还给负责销售的员工占中介费 30% 的高额报酬。

每月的工资虽然一般，但给员工提高了奖金的比例，这也确实在刚开始的时候，因为"肯干就有钱赚"而对员工起到了激励的作用。

但是我也反省到，由于奖金调得太高了，员工都只瞄准大单，放弃掉了小单，使得公司没能保留住资金，在日本进入经济低增长时期，这成了阻碍公司发展的枷锁。而且这样做给员工一种公司只承认数字的感觉。

这样恶性的成果主义，就跟我之前提到的那样，让人只能看到结果，无法找到员工的其他优点。领导若轻视工作的过程，会让公司的业务变得个人化，一些业务技巧也无法在公司里得到共享。

之后就会变成以个人单干的形式为主，或许一部分优秀的人才还会继续积极工作，但是因为公司所有人不能达成一样的结果，总的来说反而降低了公司员工的工作干劲，让团队变得不能齐心协力。

我作为领导，本来要给员工指明未来公司发展的方向，讲述公司的理念，除了钱和结果，还要充分认可员工的认真和努力，并将一些工作经验分享给大家，让员工有安全感，认为"公司是自己的归属地"，但是我却在这方面懈怠了。

◆ 有活力的公司会充分利用好"表彰制度"

还有一类报酬叫"荣誉"。具体来说就是"表彰制度"。大多内部充满活力的企业都有"表彰制度"，并充分发挥了该制度的作用。

不仅有"月度最佳员工"和"年度最佳员工"，还设置有像是客户好评率最高的"最佳顾问奖"、对于特别关照员工和后辈的领导层给予"最佳教育奖"等一类表彰个人能力（这里的个人能力是指优秀的人共同的行动特性）的奖项。

这不仅根据营业额为多少的数字来评选，还根据在这背后本人的工作干劲、工作过程以及对周围的贡献有多少等来进行表彰，是企业对所追求的人才具象化的奖赏。

表彰制度的效果是可以清楚地让所有员工知道，公司想要怎样的员工、怎样的工作方式。

人事评价制度应该与企业的经营理念直接挂钩。公司通过让所有员工看到"公司想要怎样的人才，怎样做，是怎样评价的"，实现评价制度的透明化，也就是让企业理念印刻到每位员工的脑海里。

比如，在全体员工面前，具体说明评选理由。如某位员工因为"具备……能力""有……的态度"等受到公司的表彰。通过这样做，可以让公司向员工明确表明需要怎样的人才、着眼于什么，甚至可以让员工知道公司发展的方向和价值观，这样可以让员工更容易理解和接受。所以有的公司会根据员工每个人的劳动付出、努力、个性等，以各种理由给所有员工颁奖。

这不需要很多钱，表彰本身就是一种报酬。

其实我也有过这样的经历，在便利店工作的那段时间，曾获得过优秀员工奖。

而在这之前，我是在一家会计师事务所上班的，因为得不到认可，所以辞职来到便利店工作。得了这个奖后，我一扫之前的阴霾，在因为被认可而感到高兴的同时，也让我有了更多为公司做出贡献的意愿。

虽然工资和奖金并没有变化，我却一点都没有感到不满。

明明我曾有过这样的经历，但却没有运用到自己的公司里。平常说的"没有利用好过去的经验"指的就是我这样。过去的我没能想明白，人是由什么激发出工作干劲和忠诚之心的。

◆ 要是能感受到成长过程中的愉悦，谁都会拼命工作

人，是会为自身的成长而感到高兴的生物。即使那些说"我没那么想成长"的人，当能够真实地感受到自己得到成长的时候，也会有一种很爽快的充实感。

同时，被领导认可"你成长了呢，比以前更能干了"，谁都会为此感到高兴。

如果能真切地感受到自己的成长，即使是对工作抱有冷漠态度的年轻人，也不会认为加班很苦。即使多少有些辛苦的工作，也会带着开心的心情去做。因为只要尝过努力过后的那份喜悦，就会愿意去努力。

所以，领导有必要像这样"某某某你现在都能做……工作了呢"称赞员工的成长。假如公司没有表彰制度，在部门内自己设一个也是可以的。

22 没有"组织愿景"

教训： 公司与员工的"目标方向"一致，才能产生一体感。

◆ 创业期间，即使没有企业愿景和目标也没关系

这里说的愿景和目标是指"公司正打算朝哪个方向发展""今后要为顾客和社会贡献出怎样的价值""为此要培养员工成为怎样的人才"等方向性问题。

我认为，基本上在事业的建立阶段，即使没有公司愿景和目标也没问题。也不是说不需要，有当然是最好的。但在初期并不用勉强设定这么个规划，因为在创业期，把营业额提上去，才是当下最重要的事。

刚成立的公司，客户资源还很少、营业额不稳定。在这种时候，挣钱排在最优先的位置。没钱就没办法给员工工资。给不了工资的公司，即使提出再怎么好听的企业愿景和目标，也不会有人跟着干。

能挣到钱，人就会比较从容，感谢之情也会涌上心头，产生想要回报社会的心情。如果挣不了钱，这样的想法是持续不了多久的。

即使不去勉强设定愿景和目标，在开拓事业，反复经历失败与成功的过程中，经营者对愿景和目标的想法也会逐渐成形。

所以我在创业初期拼命工作，与员工站在一条线上，热血地誓要将产品"卖出去"。

在这样的热烈氛围之下，即使没有愿景，未来也是充满光明的，公司所有人都非常兴奋。

◆ 公司步入正轨后，需要明文规定公司愿景

但是，随着事业步入正轨，公司的员工也越来越多的时候，在完善公司的各项制度的同时，也要明确好愿景和目标。

其中一个原因是，引导价值观各有不同的员工，朝着公司的目标方向一致前进。还有一点是，给员工指明他们的职业发展道路。

· 为引导价值观各有不同的员工，朝着公司的目标方向一致前进

这个挺好懂的。创业初期的员工，因为都是共同努

力让公司从零到有的伙伴们，即使不说也与公司高层的想法一致。大家会一起讨论，一起喝酒，距离很近。

但是之后进来的人，却不知道公司过去艰苦的日子。随着公司的发展壮大，公司有了中间管理层，基层员工能直接听到高层想法的机会也变少了。

所以公司需要将公司的发展方向可视化，让员工知道"原来公司想要朝着这样的目标方向发展"。

为此需要明文规定企业愿景。如果员工予以认可，即使不用跟他们说明，他们也能理解——"啊，原来公司追求的是这样的方向""公司还有这样的目标"。

· 为员工指明他们的职业发展道路

员工即使在刚开始会拼命工作，但在习惯了工作后会慢慢冷静下来，并开始思考自己应该有怎样的职业发展方向。

因为一旦习惯了业务工作，就会开始一成不变，这样的状态持续下去，会让人对自己的成长感到不安。

这时候，如果有明确的企业愿景和目标，就能在这延长线上，为自己的职业发展道路进行某种程度的预测。

也就是让员工能看到，自己能够通过工作成就自我的未来，今后要是继续在这个公司工作，就能让自己在职业发展的道路上，实现自我满足。从而就有了继续工作下去的动机。

但是要是公司变大了，却没有明确的发展方向，员工就会有"这公司到底想干什么""到底想朝什么方向发展"等这样的疑问，或者是想"我继续在这个公司工作下去，会变成什么样子"，对自己的未来感到不安。

◆ 总之，"挣钱就好了"的想法是错误的

可是我在过了初创期后，也没有明确公司的发展方向。想着"挣钱了就给员工提高报酬就行，总之挣到钱就好"，然后形成了这么一个公司风气。

这样的话，在工作中就只能达到挣钱的目的，无法通过工作获得喜悦。

如果业绩下滑，工作的热情也自然会大打折扣，也难怪会有员工认为"既然在这里挣不了钱，留下来也没有意义"。

当然我并没有直接去问员工，而是回想起在公司解

散之前，从看到的大家像没有感情的机器般漠然工作的样子中，推测出他们肯定是这么想的。

没有目标的马拉松是跑不动的，没有横杠是无法跳高的。

所以，领导要常常让员工感受到"在这个公司继续工作，能够实现自我"，并需要持续地给员工指明公司或组织的发展方向。

23 没能听"员工的愿景"

教训： 若能配合员工的未来规划分配工作，可以提高员工的工作干劲。

◆ 要先去问员工的"未来愿景"

这和之前所说的内容有些关系，领导需要了解员工未来想要如何发展。

应该不会有人想像劳动机器一样，每天重复着同样的工作。虽然人各有不同，但是大多数人都会追求刺激，并希望能够通过工作成长起来。

特别是越优秀的员工，越会注重自己的成长，所以领导给他们的工作所赋予的意义，对他们来说非常重要。

所以，领导不仅需要定期和员工面谈，平时闲聊的时候也可以引导员工谈谈对未来的规划，从而知道应该怎样接触员工，具体将什么样的工作交给员工比较合适。

我也有过这方面的经历，当我还是上班族的时候，领导经常听我说关于未来的一些想法，我还记得，当时领导根据我的想法，交代给我相关的工作内容时，我整个人的干劲都被带动了起来。

想着"果然领导有重视我""在这个公司工作能做我想做的事情"，而这种期待，对于激励员工的工作干劲来说，是非常重要的。相反，这两样都没有的话，员工估计会辞职。

◆ 配合员工未来的规划而分配不同的工作

以前我的公司，所有员工都是有过工作经验后，才来到公司里的，各自都会以过去的工作经历为基础，规划自己的未来。也就是，他们希望在未来，能够摆脱之前工作时的不满和不安的状态，成为能发挥自己所长的人才。

之前听过公司的早期员工里，有差不多一半的人之后有创业的打算，所以我会让这些员工做一些如签电话线安装合同、订购名片、挑选办公家具等在创业时可能会用到的一些业务工作。

实际上，在我的公司倒下后好几年，到现在，听说他们中的一些人，真的有在努力创业。

虽然我不知道那时候的工作经历是帮到了他们，还是成了他们的反面教材，但无论如何，只要能对他们的发展有帮助的话，那就好了。

◆ 如何应对自我意识过高型员工

员工里，被称为"自我意识过高型"的人，会让领导十分头疼。

虽然这类人看起来既聪明又有上进心，但是缺乏实践能力，多半都是"纸上谈兵"的类型。不喜欢干一些俗气、土味的工作，就希望能够又快又轻松地干活。

不仅如此，还会强词夺理道："这样没有效率！""这么做有意义吗？"……各种挑三拣四，非常麻烦。

但要是无视他们的话，他们可能又会说："我可不是为了干这样的工作，才进来这公司的。"然后给领导递上一封辞职信。

而且，这类型的人要是理解了"工作的意义"后，往往会非常认真。所以在给这类员工分配工作任务的时候，要跟他们耐心地说明，交给他们的工作有什么意义。

或是将一些能清楚看到数字等成果的小项目，全权交给这类员工负责也是一种应对办法。

我的公司也有过这种类型的人。乍看之下，他说的话很有道理，但都是些"虽然有道理，但实际操作的可行性很低"，或是"说起来简单做起来难"的意见。交代给他工作的时候，又会"这样的工作有什么意义呢"，一种把人当傻子一样的态度。

于是，我给了他点预算，然后交代道："我打算把这个工作都交给你了，要不要试试？"

那是给既有客户发直邮广告的工作，结果他做得很糟糕，反响为零。也不知道是不是受到了打击，之后再也没看到过他那一副瞧不起人的样子了。

一些有实力的自我意识过高型员工，其实还是很可靠的。但一些没实力还自我意识过高的，就很烦人。

对于这类人，可以交代给他们一些工作，让他们能够看清自己的实力到底有多少，是应对的一个办法。不过，也可能会听到这类员工找借口说"因为没有……所以才没做好"等话语。

第 5 章

培 养

24 把员工培养成了"只会等别人指示"的人

教训： 不要"指示、命令"员工，而要"提问"员工。

◆ "授人以鱼，不如授人以渔"

如果领导对员工的工作总是指示太多，不在一旁看着员工就办不成事的话，那么员工就不过是个机器人，无法成为能够成长起来的人才。之后随着业务量的增加，领导的工作就会变得越来越吃力。

如果组织没有领导就无法运转的话，领导不仅不能做新的工作，也会没法休息。

而且，有时候因为公司变动，一些领导会被调到新的、完全没有相关工作经验的部门里当领导。要将员工的所有业务领域都弄懂，也是不现实的事。

所以领导需要组建一个自律的组织团队。这就需要领导引导员工能够自发地去思考和工作。

尽管如此，在我创业后，即使过了三年，还是由我负责指挥招揽客户、开办研讨会的工作等，这使得我不仅没能开拓个人的商业领域，结果建立了一个员工不能自己思考问题的组织。

这就像是我自己坐船钓鱼回来后，员工只需把我钓到的鱼给煮了就好。这样的话，员工虽然可以做菜，却不会钓鱼。所以一旦我不去钓鱼，大家也就都得饿着。

当然，在大的组织里面，各自分担责任的情况是成立的，但是像我公司那样的小微企业中，就得让所有人都能够自己出海打鱼、做菜。

为此，就得先让员工变得有经验，使其即使工作失败了，没有领导的帮忙，也能靠自己处理好问题。

比如我的公司，一个重要的招揽客户的方法就是开研讨会。要办好研讨会，就得想怎样开这个研讨会、在哪里办，从策划到写文案，以及如果最后没有拉到客户，要怎么做才能进一步改善、提高招揽客户的意识等都得规划好。

但是，结果我却把公司弄成了"反正董事长会钓鱼给我们的"这样一个氛围，使得公司未能够克服那次经营危机。

不仅是董事长，我也经常听说过这么句话，"如果领导一直跟员工一样做着各种一线工作，那么后继者或是下一代员工就很难成长起来"。实际上，我有过这方面的经历。

在漫画家或经营顾问的个人事务所里，把员工定位为"推动上位者往上走的幕后出力者"，或许没什么问题。员工只要把上头派的工作好好完成就可以了，并不怎么需要在创意上下功夫。

但要建立一个与之相反的，需要持续自律的组织，就得让组织里的每个人，都成为"能自主思考、自主行动的主动型人才"。

当然公司有时候，还是需要用到自上而下的形式来推动工作进展的。

但如果经常这样子，员工就不需要进行自主思考，从而容易将员工培养成"只有领导吩咐了才会干活的人"和"只会等别人指示的人"。

◆ 试着给员工抛出"问题"，让员工自己思考

那么，要怎么办呢？

一个有效的办法是，先告诉员工你想要达到的工作

目标，然后让员工自己去想办法。"要想变成这样的话，你觉得怎么做会比较好呢？"像这样抛出问题，让员工去想具体的解决办法。

刚开始的时候，员工可能会说"我不知道呀。听您的指挥"，或是会提出一些不切实际的提案，让你不禁想反驳员工"哪来那么多的预算""这样真的能行吗"。

但即便如此，为了培养员工，领导得有耐心地跟员工沟通，因为人是不会迅速地成长的，也不会一成不变。多跟员工聊聊，这样也可以让员工更好地把握你想要的效果。

对于不知道该做什么的人，领导需要帮这类员工设定好课题。

遇到不知道要怎么办才好的员工，"你先试试看做这个怎么样"，领导需要像这样引导他们。

对于"公司不告诉自己该做什么，就什么都干不了"的人，领导要告诫道："在没资源的情况下，好好研究怎样弄到资源也是工作的一部分哦。"然后可以给员工一些提示，像是"要不试试看活用这部分的资源怎么样"之类的。

要是直接说"这样做……"，像这样命令确实很简单，因为领导有知识又有经验，知道很多该怎样处理问题的办法。如果只是这样简单地指示，那很轻松。也正因如此，和员工交谈的时候，领导往往会因为嫌麻烦，就直接告诉员工处理问题的答案。对于员工来说，也是直接听从领导的吩咐办事比较轻松。

但长此以往，容易让员工变成"只会等别人指示的人"。虽然短期内会出结果，但是并不利于团队的长期发展。要培养员工，就要让他去独立思考。

不要立刻告诉他答案，也不能只给他指示，要常常提问员工："如果是你的话会怎么办？""要实现这个目标你会怎么去做？"让他学会去思考。

比起直接跟员工说"自己去想办法"，通过这样不断地引导，会让员工切身感受到"这个领导，是想让我们自己去思考问题"。

25 没有等员工成长起来的耐心

教训： 员工会在日常的业务工作中成长起来，领导需要
有等员工成长的耐心。

◆ 员工的想法和行动是不会一下子就改变的

领导需要有忍耐力。可以说，领导是整个公司里最
需要有忍耐力的人。这里说的忍耐力是指有等员工成长
起来的耐心。

我在高中同学那里听到过一个有关育儿的故事，内
容如下：

她在自己儿子三岁的时候，打算锻炼孩子不要依赖
婴儿车，然后就没带婴儿车出门了。但是在回家的时候，
儿子却嚷嚷着："不想再走路了！"撒起了娇、闹起了别扭，
然后干脆就坐在路旁不起了。于是，她就跟儿子一起在
一旁坐下。两个小时左右都一直耐心地等着。就在天都
快黑的时候，她儿子先投降了道："我想回去了，妈妈
你站起来吧！"自那以后，儿子就再也没有抱怨过了。

就是这么一个故事，这和公司培养人才是一个道理。

要培养一个人，不是一件简单的事情，也不会立刻就有成效，不让人经历一番磨炼是不会改变的。

通过随意地改动组织结构、进行人事变动、修改制度等，都并不能立刻改变员工的想法和行动。虽然也需要在这些方面进行努力，但领导应该以人的成长需要花时间为前提，在日常工作中，要对员工抱有耐心，这样做既实际又有效。

◆ 领导要耐心地教导员工如何交流和写作

或许有不少人会感叹现在的年轻人写作水平和交流能力之低。

像是文书和邮件上的语言很是奇怪，写的报告也不得要领，还有跟客户和领导说话时很不礼貌，等等。但其实这也是有原因的，因为他们本来就只和自己合得来的人交朋友，即使相互间说的话比较抽象，也能知道彼此的意思。

还有在社交网络当道的现在，大家的交流都以像是

"推特"①等简短语句为主的社交形式为中心，好好写长文的习惯也越来越少。甚至有些人在不读书也不看报纸的情况下长大，所以词汇量匮乏、表达能力也很差。

　　也就是说，他们只是没有习惯有逻辑地写文章和有理据地说话而已。因此，这就需要领导有耐心地教导员工。

　　改文章的时候要标红，和员工谈话的时候，"也就是要点有三个""一句话说出你最想要说的是什么""也就是你想这样是吗"，像这样边引导边提高员工的说话水平。

　　还有些领导，会厌烦员工每次都用邮件来跟自己沟通的情况。

　　虽然用邮件进行交涉，可以留下证据，防止一些突发事情发生。但是，在跟客户道歉、做错误报告或是因迟到缺席而联系时，员工都还打算用邮件来沟通，或是明明就坐在旁边，还用这种方式来报告，就会让人感觉有些"不可思议"。

---

① 推特：英文名 Twitter，是一家美国社交网站。用户可在该网站发短消息，类似中国的微博。

这是因为，员工还没有习惯并恐惧于用电话或是面对面等方式进行现实交流。在现实交流中，需要有瞬间爆发和临机应变的能力，他们因为缺少这方面的经验而感到恐惧，所以会想通过邮件的方式来解决。

邮件是没有即时性的交流手段。能给人一些考虑的时间，去想如何回复比较好。又因为看不到对方的脸，所以不必去通过对方的表情来揣测其言语中的情绪。因此用邮件来交流会比较轻松。

对于这种种情况，领导要劝说员工，告诉他们面对面地交流，通过对方的行为、表情、视线等，可以不用言语传达出感情，有着加深双方信赖关系、传达自己想法给对方的效果。而且，直接交谈之后再发确认邮件，也同样可以保留证据。领导要让员工明白如何区别使用这些交流手段。

或是在员工接完电话后鼓励道："你刚刚的电话回应，点明要点又简单明了，很棒哦！"让员工减少对接打电话的恐惧。

◆ 要有面对"麻烦"的毅力

确实，这样指导挺麻烦的。我过去就逃避了这样的麻烦。"你自己想啊。""即使别人不说也要自己主动努力学习，这样才算社会人士。""想得太美了。"曾经的我就像这样，没有试图去理解员工的价值观，反而过分地执着于自己的价值观。

所以，尽管我出了钱、花了时间聘用了人，但是新人们后来都基本走掉了，最后所有员工都走了。而身为领导的我，明明是需要有耐心地应对这样的麻烦的。

那些有干劲、肯主动工作、不会麻烦领导的人才，可是市场上的抢手货，往往最后都会进入一流的企业。

如果领导想要避开这样的麻烦，那么最后谁都雇用不了，还可能最终变成像我的公司那样，谁都没有留下来。

无论是否能够接受员工的价值观，领导应该主动去靠近、了解员工的想法，收起自己多余的自尊心，要有等待员工成长的忍耐力。领导得是公司里最有忍耐力的那个人。

26 没能制造出"让人成长的公司风气"

教训： 先描绘出理想人才的形象，然后由自己展现出来，带头做榜样。

◆ 瑞可利集团 [①] 前董事长江副浩正 [②] 留下的 DNA

明职场、暗职场、没有紧张感的职场、充满能量的职场……职场有许多类，而决定公司内部职场氛围的是领导。所以，如果你觉得公司内部的职场氛围不好，那都是领导的错。

如果领导整天很暴躁的样子，那么公司里的人个个都会战战兢兢。如果领导充满了工作干劲，那么公司就会充满活力。

这跟公司风气一样。如果领导长时间加班，就会形成员工也加班工作的公司风气。如果领导重视一线工作，那么全公司的人都会围着一线工作打转。如果领导有做

---

① 瑞可利集团：总部在日本东京，主要经营求职广告、促销等业务。

② 江副浩正：瑞可利株式会社的创始人，著名的创业家。毕业于东京大学，1989 年因有行贿嫌疑而被逮捕。于 2013 年逝世。

笔记的习惯，那么看到这种情况的员工，也会养成记笔记的习惯，并逐渐形成这样的公司风气。

我周围就有不少的创业者，曾在瑞可利集团工作过。想必瑞可利集团的创业精神，已经深深地印刻到了公司的 DNA 里。

"要自己创造机会，然后通过机会改变自己。"正如已故创业家江副浩正所言，即使不用别人催促"去创业"，瑞可利集团的员工也会自主去创造创业机会，然后由此改变自己。或是会有同样志向的人进入这个公司。

也就是，领导的思考和行动（当然还有言辞），会成为公司的"空气"，养成公司的"风土"。而这种"风土"孕育着公司里的员工。即使领导不在了，也会启动"自动驾驶模式"，继续保持这种风格前行。

◆ 描绘出理想的人才形象，并由自己展现出来

领导不能简单靠培训员工来改变他们的行动，而是应该先描绘出"公司想要培养的理想人才"图像，然后需要由自己带头做表率。因为领导的行动会成为组织的习惯，企业的风土。

就如前面提到过的那样，我之前还是在一家公司当上班族的时候，是"比较自觉做事，也不希望别人对我的工作有过多干涉"的人。也因此，在后来创业的时候，并不太关心自己公司的氛围和风气。

之后，随着被邀请参加经营者交流会和做演讲的次数逐渐变多，还有个人图书出版等事情也增多之后，在公司里的时间也变少了。不知道是不是这个原因，现在试着回想起来，那时候"大家都各干各的"，公司里的气氛非常冷。

但是当时的我非常迟钝，觉得"大家各做各的事，我也做我自己的事情，这样挺好的"。虽然感叹着"员工都成长不起来"，但是形成这样的公司风气的人，却是当领导的我。

去制造"让人成长起来的公司风气"是当领导的一个重要职责。这就需要自己先带头，不断给员工做榜样。而现在才知道这个重要性的我，简直就是个笨蛋。

◆ 有纪律的公司往往业绩比较稳定

要形成"公司风气""企业风气"，制定纪律也是领导的一项重要任务。

我在参考了许多企业后，发现守纪律的员工人数与企业的成长是成正比的。

比如员工接电话和拜访客户时，如何应对客户，以及带客户到会议室的一系列行为、端茶倒水的做法等，能够把这些细节都做到极致，把员工教育得很好的公司，往往业绩会比较稳定。

相反，那些接电话的服务态度不好、接待客户的礼仪做得很一般的企业，一般业绩都不稳定，人才也容易流失。

离我家车程大约20分钟，有一家修车厂。我是那边的老客户了，虽然离我家更近的地方有好几家修车厂，但是每次检修汽车的时候我都会来这儿。

我选择这家店的一个起因是，有一次我的车好像有点问题，于是我跟附近的好几家修车厂发邮件联系，而结果是这家的回复最快，报价也很快就出来了。

而且之后我把车开过去，前台员工还带我到顾客休息室，我坐在沙发上后，一位女性汽车维修员过来屈膝、垂目，开始跟我沟通。

员工的措辞非常有礼，修完车后的说明也很详细。最后，即使是对已经跑了 14 万公里的汽车，也会微笑着说："这车还能继续正常跑呢。"

我观察过整个店内的情况，所有员工都是这样的感觉，笑脸相迎、措辞有礼、动作麻利。

所以就算是平时的白天，也会有很多客人过来。开业多年，大家都是老客户，所以交流的时候都很轻松愉快。

而造就这个修车厂氛围的，当然就是工厂里的领导了。

◆ 积"小"才能成"多"

即使是在公司组织中，决定团队气氛的还是领导。

如果领导放松了对员工的寒暄、接电话、对前辈有礼貌、注意措辞等方面的教育，员工的一些不良习惯就会表现在工作态度中，最终体现在业绩上。

而且，现在的一些年轻人，在没有参加过社团活动、体验过打工的情况下，就进入社会，因此，会有不少没怎么用过敬语①的人。所以对于这样的情况，领导们也只能无奈地接受现实了。

或许有些领导会想，大家都是成年人了，没必要在细节上对员工指点过多。但是，其实越是积"小"，才能成"多"。而我在这方面，也曾失败过。

创业初期，我在这方面投入了许多精力。比如会让员工在来客时跟客人说："让您久等了！"但是在公司扩大了之后，自己变忙了，也觉得——指点员工很麻烦。于是，我就开始放任员工，让员工觉得"可以这样啊"。之后一旦习惯固定下来，要改正的时候就变得特别困难。

刚开始时，如果是炎热的夏天，公司员工都会给客人倒上加了冰块的麦茶。然而这样的行动在之后，便不知不觉没有了。

这必然会影响到公司的氛围、公司的业绩。我深切地感受到领导可不能在公司内部如工作态度、待客态度方面的培训上偷懒。

---

① 敬语：日本的敬语是日本人用于表示尊敬的方式，一般多用在正式场合中。

27 曾以自我为标准

教训： 指示和命令，应在听完员工的思考和行动原理之
后进行。

◆ "自己的标准"并不等于"员工的标准"

领导经常会觉得"我就是这样做的，所以员工也应
该是这样"，将自己的标准强加到员工身上。

"通常是不会这么觉得的吧""通常应该都是员工
自己主动跟我说的吧"，这里的"通常"，是指对于领导"自
己的标准"来说的"通常"，但对于员工来说，并不一
定就是"通常"。

如之前提到过的那样，我不怎么关心别人，是"不
用跟我说我也会干的，就把我放在一边别管我吧"类型
的人。所以过去我曾想"自己主动干活不就好了吗？为
什么要别人说了才干活呢"。这完全就是按自己的想法、
标准来看员工。

就因为是这样的态度，所以我会"去做就好了，干
吗不去做呢""有问题问就好了呀"，像这样说教员工。

最后却导致员工认为"董事长不懂我""跟董事长说也没用"。

◆ 说教之前要听一下"员工的想法"

每位员工的行动原理、看待问题的角度和常识都有所不同，并不会完全复制领导脑中的想法。并不一定说了就懂，指示了就按照领导说的去做。

所以，如果你感觉"为什么员工不……"的话，在说教之前要好好听听员工这么行动的原因。

可以这么说："我觉得这么做比较好，你是怎么想的呢？""这种情况下，你觉得怎么办比较好？"需要像这样耐心地引导员工说出自己的想法。

我的公司以前有过一位员工，很难卖出房子。然后我就去跟他了解了具体的情况，好像是他本人看房的眼光太挑了。"这样的房子会有什么样的风险，不能把这样的房子卖给客户"，会有这样非常执着的想法，结果就导致他本人的销售额一直为零。

"但是没有哪个房子是没有风险的，这样就没有可以介绍给客户的房子。"跟他解释了后，那位员工也表示理解的样子。"也是呢，没有那样的房子。这样下去就不可能卖得出去东西。"

然后我又对他劝解道："客户那边也可能会跟你说条件放低一点也行。所以不用太挑，先介绍给他们看看感觉如何？""难得客户这么信任你，把这件事拜托给你，如果一直找不到房子给他们，会浇灭他们的热情，然后跑到别家去找房子。要注意不能让客户等太久，这也是与客户维系关系的一个方法。"

但是也不知道是不是我的回应太晚了，结果那位员工还是因为没有达到预期辞职了。要是我能早点给那位员工提出一些能让他信服的意见，或许结局就会完全不一样了吧。

28 没有容忍员工失败的肚量

教训： 让员工尝试失败，这份经验会成为员工"真正的战斗力"。

◆ 要有让员工多经历些失败的开阔胸怀

不想让员工失败，想要逃避员工失败自己负责的后果，不想让别人觉得作为领导的自己管教不到位，有所失职。

这么想的领导，往往会按照自己的做法、想法让员工行动。这样，即使领导很热心地指导员工该怎么做，但还是会让人有种"被强迫"的感觉。本来是出于善意，却让员工跟自己离了心。

要培养人，即使员工没有按照自己所想的那样去行动，也要在某种程度上学会放手，将工作交给员工做。

为了培养起这样的肚量，就要尊重员工的做法，让员工体验失败。即使感觉到"这样的方法行不通"，也要迫使自己接受，容忍"自己与员工之间的差异"。

就算员工的做法是错的，也不能"不是这样"，像这样指责对方。而是要微笑着说"咦，是这么做吗"，平和中带有深意地跟员工沟通。

即使听到员工说"啊，错了吗"，也不要立刻告诉答案，"按你的方法做，接下来会怎么样呢"，像这样说，要让他自己思考一下。

"啊，想起来了！是这样子！""对的，就照着这么做！"然后领导要在一旁从容地看着员工自己解决问题。

这样既能显得领导落落大方，员工也不会退缩，而是安心地努力工作。假如员工失败了，不要去责骂他，而是要引导道："为什么会变成这样，接下来要怎么办才好呢？"如果员工说不懂，那就一起想办法。

领导也是人，"为什么总要我重复""为什么连这样的事情都做不好"，有时候像这样生气也是在所难免的。但是，要是能一直忍耐下去的话，员工就能成为"真正的战斗力"。

◆ 要给予心灵上的关怀

在员工失败的情况下，需要给予其心理关怀。

一些小失败、小错误，员工基本上会进行自我反省，所以大可不必在员工的伤口上撒盐。

员工到底有没有受到打击，这个用肉眼看就知道了。在员工因失败和错误而受到打击的情况下，领导要给予关怀。

要是没有关怀到员工，会让员工觉得"我已经被放弃了""因为我没有价值了，所以领导也不看我了"，然后员工会变得意志消沉，最坏的情况下会辞职。

你可能会觉得"这也太夸张了吧"，现在的年轻人内心就是这么纤细、天真。

如果本人有好好反省的样子，领导就可以安慰道："谁刚开始都这样的，别太在意。但是要想想失败的原因，以及解决问题的办法。"从而让员工安心、不退缩。

◆ 要让员工有不轻易道歉的勇气

另外，领导要培养员工变得有勇气，不能因为失败或犯错了，就想通过简单的道歉来逃避问题。

心理比较脆弱的人里，会有人简单地认为，只要快点跟别人道歉，别人就不会骂我了。

这样的人，一遇到被人训斥的情况，就会先考虑逃避。因为他会想只要混过这关就好了，但是嘴上说着道歉，却没有真心地去反省，因此，之后还会继续犯同样的错误。

所以要小心那些立刻就说"对不起"的人。可以先劝慰员工道："嗯嗯，总之你先冷静一下。"然后耐心地等员工自己能够冷静下来说话。

接着进行开导："我知道你在反省，但是为什么会发生这样的事情呢？我想知道你是怎么想的？""为了不再犯同样的错误，你觉得应该怎么办才好呢？"不要指出员工的错误，而是要让员工自己思考原因和对策，以防员工一遇到现实问题就逃避。

如果员工说："是那个人的错""是客户不好"，领导可以说："虽然也有这部分原因，但是为了以后不再有这样的事情发生，你想想看你能够做些什么"，进而引导员工把这件事看作是自己的事情来思考。

◆ 员工通过"自己的做法"而尝到的失败经历能够让他成长起来

通过"领导分配工作""失败""自己想办法"等一系列的经历,可以让员工"吃一堑,长一智"。

如果在没有经历失败的情况下,习得工作技巧和提高效率的办法,是不会体会到这些方法的珍贵性的,容易导致反复失败。

但是,如果是因为按照自己的工作步骤出错要从头再来,效率低下,要比正常情况多花上2~3倍的时间,等等,这些通过自己的做法体验到失败,掌握到技巧的过程,会让员工自己对工作内容理解得更透彻,记得更牢。

当然,像是一些比较致命、会给客户们添麻烦的失败,领导要提前给员工提出建议"会不会有可能变成这样",防患于未然也是领导的职责。

还有,如果一下子让员工处理大项目,要是失败了可能会非常打击对方,所以最好先从没那么重要的事情开始锻炼员工。不仅要让员工体验成功,也要让他尝试失败。

话虽这么说,但是在实际工作中,我想基本上"没有那么多时间来慢慢锻炼员工，一线工作需要很快的应变能力"。可尽管如此，还是需要尽可能地让员工学会自己思考、尝试失败，这样才能让其成长得更快。

29 曾跟员工说过"你要从经营者的角度去看问题"

教训： 让员工有意识地"看到高一层面的视野"，这样可以为未来做准备。

◆ "用经营者的角度去看问题"有错吗

自从我有了经营公司的经验后，对于管理研修课和商务书中经常提到的"应该指导从业人员用经营者的角度看问题"的这一观点，我认为实际上可能存在着很大的错误。

站在从业人员的立场来看，在商品的原价管理、项目的预算管理以及事业部的盈亏管理等方面，可能可以进行"经营分析"，但"经营者的思维（觉悟）"只有经营者自己才能拥有。

员工只需关心每月能否收到工资，而经营者即使经营困难也要付人工费、租金等各项费用，有时候还要用自己的资金和房子做抵押或是贷款，来保住员工和公司。员工和经营者有不同的立场，因此危机感和觉悟的意义，对于他们来说也完全不同。

比如，发掘潜在客户与收益直接相关，这能成为给员工的工资等各类经费的原始资金。所以"招揽不到客户"对于经营者来说是非常严重、头疼的事情，但是对于从业人员来说，顶多是"真是让人困扰呀"这种程度的烦恼而已，并没有那么强烈的危机感。

还有一个问题是经营者有，但是员工没有的，就是资金周转的压力。

比如人工费率高的商业模式，即使公司出现赤字状况，也往往要付消费税。公司甚至要负担一半的社保费用、固定工资，以及购买电脑和桌子等物件的费用，而这一切都要花钱。即使知道自己得到了比原本工资还要高的价值费用，而这些都是由公司支付的，但是应该有不少人还是会觉得这很理所当然吧。

所以我的公司在受到雷曼事件影响，资金周转恶化的时候，员工会觉得明明中介费挣得不少，而无法理解公司为什么会没钱。然后就怀疑我是不是用了公司的钱，开始不信任我。

◆ 比起要有"经营者的角度"，更应该让员工有意识地培养"高一层面的视野"

真的能够从经营者的角度来看问题的人才，即使不用上面的人絮絮叨叨地教导，自己也会有这方面的能力。而这样的人往往会辞职，独立创业。

相反，那些需要教导的人，即使说了他们也不懂。既不会醒悟，也没有那方面的视野。

就算领导教导说："做事的时候要把自己当成经营者"，这类型的员工也顶多会回说"好的，我加油"，如果领导对此期待过多，之后反而会失望。

虽然这里面也有例外，但基本上都是"说了也没用"。

所以，让员工有意识地只用高一层面的视野来看问题，这样做会比较实际。

如果是基层员工，就让他有意识地带着科长的角度去看问题。如果是科长，就让他站在部长的立场上去干活。"有后辈进公司后，你打算怎样教导他工作上的一些诀窍呢？""你要是科长的话，打算怎么指示团队成员呢？"试着抛出问题，让员工去思考。

员工将来可能会成为科长或部长，早点锻炼他们具有这样的视野，也能给未来做些准备。

30 没能培养好"二把手"

教训： 与"二把手"的关系，关乎团队的成长。

◆ 领导培养"二把手"，为开拓未来的事业而努力

领导的重要业务之一就是培养"二把手"。如果团队的人数比较少，或许可以不用。但是团队规模超过了十个人，就需要有"二把手"。

领导培养"二把手"作为自己的助手来代行日常业务，这样可以减少领导自己处理杂事的负担，从而能够专心去开拓未来的事业。

就像一些公司里即使有 CEO（首席执行官），也会有 COO（首席运营官）。COO 负责处理一线工作的事务，从而让 CEO 可以更专注于全公司的发展战略等更高层次的工作。

实际上，我的公司也曾是这样，我离开最前线，并将一线工作交给"二把手"负责后，公司业绩也确实上来了。

但是"二把手"不是天生就有的，需要领导有意识

地去栽培。从优秀的员工中选出看起来合适的人才，然后交给他一部分的管理业务。

有些肚量比较小的人，看到优秀的员工可能会有"他要抢了我的位子，我得让他上不来"等想法。如果这样做就是浪费人才资源了。领导应该要培养、尊重这样的优秀员工，并让他成长起来。

所以我过去就是这么想也是这么做的，当时我录用那位"二把手"，本就打算让他坐这个位置。他本人应该也有这方面的意愿。而且他年纪比我大，所以我们之间经常用敬语交流。为了把他培养起来，我试着让他当研讨会的讲师，还帮他出书。

◆ 一旦和"二把手"的信赖关系破灭，团队也会散掉

但是不久之后，他好像会在自己的员工那儿说我的坏话。我之所以会发现，是因为他对我提出的质疑与员工对我提出的质疑内容是一样的，而且都是带有批判性的内容。

在那次经历中，我体会到了尽管"二把手"是公司里很重要的存在，但培养"二把手"也存在着风险。一

旦和"二把手"的信赖关系破灭，作为组织中的领导，就会失去公司员工对自己的认可。

比起领导，"二把手"与员工接触的时间会更长，日常业务也是以"二把手"的指示为基础展开的，"二把手"一旦开始说领导的坏话，所有员工都会向着"二把手"。

"二把手"开始对我离心，大概是从我开始发展新事业，并将更多的时间花在那儿开始的。或许是因为他感到了被轻视。

一旦对我的不信任感开始萌发了，就会开始各种找毛病。无论我说什么做什么，对方都只看到不好的一面，只认为都是我的不对。然后这种不信任的感觉就像滚雪球一样越滚越大，甚至传染给了其他员工。

最终变成"我 vs 我以外（"二把手"+ 全体员工）"的一个局面。

这么回想起来，这段经历让我深切感到，要想培养"二把手"真不是件容易的事情。要是当初能处理好与"二把手"的关系，或许我的公司规模会变得更大吧。

但是如果和"二把手"的关系处不好呢？

本来领导这边应该先主动修复好关系，但是人嘛，难免都会有钻牛角尖的时候。

这种情况下，就只会想让"二把手"从这个位置上下来。想着如何一边在不伤害"二把手"自尊的同时，一边把他换下来，让他负责别的业务工作。

◆ 领导就得是"唱黑脸"的存在

在与"二把手"的关系上，角色分担工作很重要。我认为领导负责唱黑脸，"二把手"负责唱白脸，对员工予以关怀，这样的角色分配是比较好的。即使领导被员工讨厌了，但是该批评的时候还是得批评。

这样做不仅对员工的成长和组织的发展是必要的，而不敢批评、不批评的领导在激烈的竞争大环境下也是无法生存的。

相反，那些由"二把手"唱黑脸，领导唱白脸的团队，最后往往会崩溃。因为这会大大地影响到员工的工作干劲。

所以从原则上来说，领导要负责批评，当被人讨厌的角色，"二把手"负责对员工给予关怀，这样才是理想的组合。

为此，领导要与部下保持适当的距离。比如和员工聚餐喝酒，虽然这样可以和大家搞好关系，但是常态化后，与员工关系处得太好，领导就不方便认真批评员工了。

即使和员工是朋友关系，也是能对其进行批评的。就像是餐饮店经营者或是一些俱乐部公关这样能力较高的人才他们的做法。

组织规模变大了，自己的地位也相对提高后，如果员工邀请说"哥/姐，要不要去喝一杯"，这时候可以给员工一万日元，然后说："大家能玩得开心，一点心意，就当酒费了。"微笑着打发他们自己去玩。

在有"二把手"的团队里，比起以领导为中心，领导稍微与团队保持一些距离，以这种形式来支持团队会比较好。即使作为领导，在工作上是个可靠的大哥，但这之外的情况下还是要有意识地保持好距离。

虽然最终，"二把手"失去对我的信赖，导致两人的关系破灭。但是领导从团队中孤立出来，负责唱黑脸，而"二把手"要对员工给予关怀的这种角色分配，在当时是有效的公司运营方法。

31 没能"和员工商量"

教训: 如果让员工参与到决策中,员工会把工作当作"自己的事情"来做。

◆ 与员工讨论,让员工思考

比如某天,勤务处的人事部部长到了不过是普通职员的你这儿。如果他说:"不知道要不要录用这个人,下次面试的时候你能一起参加,给个意见吗",你会是什么感觉?

应该一边会想:"什么,我一个小职员也可以提意见吗",然后一边又觉得"人事部部长拜托我了",会有一股开心的情绪涌上心头吧。

员工主动去跟领导商量是理所当然的事情,但领导也要自己主动去找员工商量。

如果领导跟员工商量自己正面临的问题,那员工会觉得领导器重自己,工作的时候也会更加卖力。让员工去思考如何处理有难度的工作,也能为接下来员工接代领导职位的时候做好准备。或是让员工也参与到决策相关的工作中，这样员工就会把工作当成"自己的事"，愿意投入更多的精力去工作。

当然最终做决定的是领导。但即使最后由领导做主，在这个过程中与员工商量的话，也会对维持员工的工作干劲有着良好的影响。

所以在以前创业之初的那段时期，我会让员工自己挑选办公室的家具、备用品等。因为我想这样比起由公司直接提供这些用品，用他们自己挑选的家具、用品会让他们更懂得珍惜。

还有像是多招一些员工的事，都是交给员工安排的，我就只是在最终面试的时候简单走个过场打一下招呼。因为我想让员工意识到"这些人才，是由我们自己挑选出来的"，之后他们也会更用心地去栽培后辈吧。实际上，也确实很有效。

但是，在经营方面的问题，我却完全没有和员工商量过。全部都是由自己做决定的。

比如在东京都及其周边地区的房源已经很少的时候，"去博多开拓房源吧""去札幌开拓房源吧"等，会突然给出这样的指示。像是业务合作、企业联盟等，都是由我自己选择企业进行签约，并负责相关事务。

而且这些本来也属于房地产领域的工作，是公司的主业，最终也会有利于提升公司的营业额，所以是完全没有问题的。

但是一些与主业完全没关系的业务，我却没和员工商量，导致我的信用在公司里直线下滑。现在想来，那时就算我刚开始擅作主张，起码在中途也应该和大家商量商量。

◆ 为什么"由公司高层推动展开的新事业"往往不能顺利发展下去呢

看到我什么都没说就去做的样子，"董事长好像开始折腾一些奇奇怪怪的事业""董事长到底在做什么"，员工曾对此满脸疑惑。

然后在销售化妆品、开美容沙龙的事业如昙花一现般草草收场后，员工又想着"董事长随意用我们辛苦挣来的钱去弄一些无关的东西，然后钱都打水漂了"，并对我产生了不信任感。

"本来是想在业绩好，有资本的时候，开拓一些多元的事业。"要是那时候有跟员工提前商量,就算事业发展得不顺利,他们也会多少谅解的吧。

或许是因为员工没能够予以理解,工作时态度不认真,使得由公司高层推动展开的新事业往往不能顺利发展下去。

类似的事情我在其他公司也听过好几次,员工会一边觉得"反正会失败的",一边不情愿地工作。但有时候跟员工商量,也可能会遭到他们的反对,"没经验""风险高""与主业没有协同效应"……

像是现在发展得非常好的声乐培训学校,在当时的社会上,基本没有这样的服务。员工估计会像这样反对——"什么?这能挣钱吗?"那么估计就做不成这项事业了。所以到底什么该谈,什么不该谈,说实话我到现在都还没找到答案。

但是像是7-11,铃木敏文也是排除众议后,才开始这项事业的。美国创业家埃隆·马斯克,对于"又不是汽车厂家,他肯定会做不起来""自己开发火箭的想法,简直天方夜谭"这样的议论,更是不当回事,并最终实现了成功。

也就是说，如果领导能够认真并且带有热情地去跟员工说明自己的想法，即便得不到赞同，或许也不会让他们不信任自己吧。

第 6 章

辞职

32 没能听员工说"真正的辞职理由"

教训： 接受自己应该要改善的地方，要有改变自己言行
的勇气。

◆ 从想辞职的员工的行动中，可以看到一些征兆

"董事长，我有话要跟您谈""部长，我有话要跟
您说""科长，我有话要跟您谈"……应该有不少人感叹，
一般这样的说话方式，就是要跟上级提出辞职的节奏了。

辞职对于员工来说，需要有很大的勇气。但受打击
最大的人，其实是听员工提辞职的领导。明明是寄予厚
望栽培的员工……领导不仅会感到灰心丧气，还会有种
自己的人格遭到了别人否定的感觉。"啊，是我的错
吗？"然后就会变得讨厌自己。

我也一样，当员工跟我说"董事长，我有话要跟您谈"
的时候，总会心里一揪，整个人紧张起来。因为曾经还
是上班族的我，在跟领导提出辞职的时候，说的话就跟
员工一模一样。

遇到员工提辞职的时候，我认为过去的我有两点做

得不够好，为此感到很后悔。

首先一点是"我看漏了员工要辞职前的一些信息"。正在考虑辞职的员工，肯定会先出现一些征兆。比如突然讨厌加班和休息日上班，会准时下班，等等。这么做是因为他们觉得工作不开心，或是对领导或公司抱有不满。

或是他们的表情没有了生气，说话的时候也公事公办，语气变得很淡漠，无法集中精神去工作。抱怨的话越来越多，或越来越沉默，或说话的时候不看对方的眼睛，避开眼神交流……这样的态度也是感到不满的信号。

现在有很多年轻人，都无法很好地控制自己的情绪，什么心情都容易写在脸上。所以不会和讨厌的领导说话，也不会进行眼神交流。

◆ 发现员工有这些变化了，就得赶紧行动

当然，我以前看到员工的这些样子，也会觉得"好奇怪""是不是有什么不满意的地方呀"。但是工作中感到有些不满也是正常不过的事，没想到会严重到要辞职的地步。所以那时的我轻视了这些不满的信号。

现在才明白，"啊，那是对什么抱有不满的信号，

放任不管的话情况会变糟"。但是当时的我，却没有读懂员工的心理，或者可以说，那时的我因为过于专注自己的事情，觉得去处理这样的事很麻烦。

不满的征兆，就像癌症一样。每个人的身体每天都会产生癌细胞，但普通人可以靠免疫细胞杀死癌细胞，以此健康地活着。但是免疫细胞的作用越来越弱后，赶不上癌细胞的增殖速度，就会有癌症。

癌细胞就像是员工的不满，免疫细胞作用如何，就看领导的态度了。而且，现在的年轻人"忍耐"意识薄弱，会觉得"既然要忍，还不如辞职了事"。领导要是不及时处理好这个问题，员工的不满就会像癌细胞那样，急速增殖，直到爆发，最终等来员工提"辞职"。

所以，对于所有可见的员工小小的不满，领导都不能置之不顾。领导要好好观察每一位员工，不能错过任何一个小变化，需要早发现、早治疗。

◆ 听员工的辞职理由，是重新审视自己的好机会

我还有一点后悔的是"没能听员工说出辞职的真正理由"。

当然，像"怎么了"这种程度的问候我还是有说的，员工也会说一些比较客套的理由给我。但那些理由听着大都像是借口，感觉有些疏远，会容易让人觉得"应该有其他真正的原因吧"。

但是，我实在害怕听到真正的原因，所以没有再追问下去。要说为什么害怕，是因为我多多少少感觉到真正的原因是什么，要是追问下去，我很明白自己会被人否定，被认为没有当领导的资格。我不想听到这样的话。

正因为知道员工肯定对我有些不满，所以直接去听原因会让我感到害怕。"这样啊，真可惜……"于是，我就像这样简短地说些客套话，以此来打断员工之后要说的话。但是，这样做只会让我逃避了自己应该要改善的地方。

本来应该要从员工真正的辞职理由中学习，去改变自己的言行，但是肚量小的我却害怕别人指出自己的缺点。

如果我当时能够让员工说清楚辞职的真正原因，把肚子里的苦水都全部倒出来，"这样啊，真的很感谢你能有勇气说出来。是我做得不够好，真的很对不起"，然后要是能说出这样的话，即使最终挽留不了员工，员工或许也会觉得"领导有在反省，他接受了我的不满"而感到满足，然后卸下身上的负担，轻松离去。

33 没能防范员工辞职于未然

教训： 与员工搭话，让员工在公司里找到自己的"立足之处"，将工作交给员工，让员工找到"发挥自己才能的地方"。

◆ 手底下员工辞职较多的领导，会被人质疑其当领导的"资格"

优秀的人会主动寻求让自己成长的机会。所以，如果他们觉得领导没有给自己能够锻炼成长的工作机会，或是被抑制成长，就会觉得"这里没有我可以施展才能的空间"，然后选择辞职。

所以对于优秀的，或是升职意愿很强的员工，要尽可能地给他们一些新的，或是难度较高的工作。

如果由于职场性质没有这样的机会，也可以让人事部安排，帮员工调个部门工作，这也是一种处理办法。

在人才紧俏的今天，优秀人才的流失对于公司来说，是一个重大的损失。明明没什么不得已的特殊情况，却仍然有人辞职，这样会让人质疑公司管理层当领导的资质。

大多数人都想要在职场上找到"自己的立足之处"。"我能在这，在这挺好的"，这样的安心感是一种对集团寻求归属的欲求，也是人类的生存本能。

如果员工得不到领导的爱护、表扬，领导只会一个劲地斥责员工，还一直不能好好听员工说话，这会让人觉得"我在这里没有存在价值"。

寻求归属感的想法一旦被否定，就犹如生存本能遭到了威胁一般，员工会变得抑郁，然后辞职走人。

"员工都这么大了还要人哄，是三岁孩子吗？"或许有些领导会感到不耐烦，但这就是人心。所以正如前面所讲的那样，总之"我有关注你""我很重视你"等，像这样的信号，要不时地传达给员工。

像是"抢人功劳、推卸责任""以放手员工去做为名头，实则为无视的行为""平常对员工进行职场霸凌""一直絮絮叨叨地训斥""不遵守约定""自己犯错了，还反过来对员工生气""没有决断力""说话'内涵'别人""总是苦大仇深的样子"等，都是无能领导的典型样子，也是做领导的大忌。

◆ 好好地看着每个人的眼睛说话

可能有的领导管理的员工人数众多，自己也很忙碌，所以很难和每位员工搭上话。但即使是这样的领导，开会的时候，也要向着员工说话吧，这就是一个好机会。如果能在会议上，一边说话一边和在座的每一位进行眼神交流，即使这是跟大家说的话，也会让在场的人觉得像是"在说自己的事情""在和自己说话""在看着自己"。

这种交流方式，也可以运用到业务工作中，比如一边看手头的资料一边说话，听的一方会觉得"说的事情跟自己没关系"，然后容易把它当成是别人的事情，就这么听过去了。但如果领导与员工有眼神交流，那就会起到意想不到的效果，让员工将领导的话当成"自己的事情"，然后认真听进去。

总之，要是不想让员工辞职，就要做好细节工作，让员工觉得"领导认为自己在这很好""自己对于领导来说，是必要的人才"，确保员工在公司里有自己的立足之处。

◆ 从培训机构经营者身上学到的——创造与员工家属之间的联系

此外，领导还有必要检讨一些工作，看是否有让员工感觉到与公司、领导之间存在着联系。

以前我听过某培训机构的一个事例：这家培训机构的经营者，每年都会在员工的夫人的生日时，送上带有董事长名字的花束到员工家里。卡片上面会写着"谢谢您一直支持着他，多亏您，他在我们公司做着不可替代的工作"。看到这封信的员工和员工夫人会觉得"公司很重视我和我的家人"。

此外，这家培训机构每年还会为员工的孩子举办一次公司内部的参观活动。这不仅能让孩子参观到父母工作的地方，也为经营管理层提供了一个机会，能在孩子面前表示公司对员工的感谢："你们的父母是多么努力地在这里工作，公司是多么地感谢你们父母的付出"。

这既能让孩子为自己的父母骄傲，作为父母的员工也会感到非常自豪。这家机构让员工的家人也参与进来，是旨在减少员工的辞职率。

说到这种"企业拉近员工家属关系"的做法，很多人会认为，这使得公司与员工之间更加"配合默契""不言自明"，让领导与员工的私下关系更为亲近。

但我认为这并不是真正的目的，这样做的本质是，"公司很看重你和你的家人""公司相信大家，绝对不会做出背叛公司的事情"，像这样，公司想不断地向员工表达公司对他们的重视和信任。

确实，送花束和举办参观公司的活动，不过是走个形式而已。现在上网订购，还有提供每年定期送花的服务。但是，用这种显而易见的方式来表达感谢，是非常重要的。

虽然管理风格有很多种，领导的个性、想法和做法也有所不同。用不适合自己性格的方法，也坚持不了多久。有些行业也有特殊的情况。

但是，我想大多数人还是希望相互之间是存在联系的。被疏远的话，谁都会感到寂寞。大家都希望能找到一个让人安心、有归属感的社区，并能切实地感受到，在这里有自己的立足之处。

所以，为了让员工能够长期留在公司工作，领导需要有能够创造情感联系的领导能力。

结语

或许从前的那些员工，看到这本书后，会觉得"在开什么玩笑"。有些部分也是我个人的想法，大家可能有不太认同的地方。正如在《序章》里写到的那样，书中的内容并不一定会是正确答案。

但是正如我在正文里也稍微提到过，我从过去的一些客户那听说，从前各奔东西的员工里，一些人开始创业并活跃于业界中。虽然和他们待在一起的时间很短，但听到了这样的消息，会希望过去那段日子，对他们来说能多少有些收获，这样，我也会心里好受些。

如果为了演绎出理性的领导形象，而扼杀自己的个性，最终只会让自己心力交瘁。但是在展现"原本的自己"的同时，平时也要多琢磨琢磨如何塑造应有的领导形象。话虽这么说，但肯定有人会觉得"就算说了那么多我也做不到""不能一下子改变以往的风格"等。

这时候，这么想的人有两件要干的事情。

首先，领导要主动靠近员工，认真听员工说的话。那个员工是抱着怎样的行动原理来行动的、怎么感觉的、怎么想的、有怎样的愿景和未来规划，对于这些话题，领导要不逃避、不否定、不说教，边听边回应员工。然后不要说"不能理解"，而是要说"原来还有这样的价值观"，以此来表达你的同感。能够做到这一点，上下属关系也可以有很大的改善。

其次就是，"必须得表扬""要带动员工的工作热情"，与其勉强去做以上这些行为，倒不如有意识地去排除让员工工作热情下降的原因。

做到以上两点，即使领导不中用、不可靠，也会让员工感觉到"我们的领导有在为我们行动"。

本书是自我启发类的商务书籍，同时也是我个人的失败传记。虽然有"败军之将，不可言勇"这句谚语，但是，我觉得说成"败军之将，可以言勇"也不为过。

我想这份经历和反省，将有助于我将来再次聘用员工和组建公司（虽然我不知道那天会不会到来）。

若本书能帮到各位读者去思考"当领导时的一些做法"，那将是不胜荣幸！